法律职业教育精品系列教材

常用应用文写作

王淑萍 著

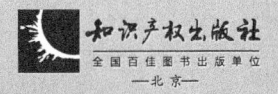

知识产权出版社
全国百佳图书出版单位
—北京—

图书在版编目（CIP）数据

常用应用文写作/王淑萍著.—北京：知识产权出版社，2023.1
ISBN 978-7-5130-8003-3

Ⅰ.①常… Ⅱ.①王… Ⅲ.①汉语—应用文—写作—高等职业教育—教材 Ⅳ.①H152.3

中国版本图书馆CIP数据核字（2021）第272629号

责任编辑：栾晓航　赵　军　　　　责任校对：谷　洋
封面设计：纵横华文　　　　　　　责任印制：刘译文

常用应用文写作
王淑萍　著

出版发行	知识产权出版社有限责任公司	网　址	http://www.ipph.cn
社　址	北京市海淀区气象路50号院	邮　编	100081
责编电话	010-82000860转8127	责编邮箱	zhaojun99668@126.com
发行电话	010-82000860转8101/8102	发行传真	010-82000893/82005070/82000270
印　刷	北京九州迅驰传媒文化有限公司	经　销	新华书店、各大网上书店及相关专业书店
开　本	787 mm×1092 mm　1/16	印　张	14.25
版　次	2023年1月第1版	印　次	2023年1月第1次印刷
字　数	270千字	定　价	58.00元
ISBN 978-7-5130-8003-3			

出版权专有　侵权必究
如有印装质量问题，本社负责调换。

法律职业教育精品系列教材
编 委 会
总 主 编
许传玺

编委会成员

许传玺　北京政法职业学院院长、教授、博士生导师

曾健生　江西司法警官职业学院党委书记、院长、教授

田　亮　四川司法警官职业学院党委书记

吴　杰　海南政法职业学院院长、教授

闻　全　山东司法警官职业学院院长

严浩仁　浙江警官职业学院副院长、教授

刘莲花　河北政法职业学院副院长、教授

周善来　安徽司法警官职业学院副院长

编写及使用说明

为什么要编写这本教材？因为应用文书非常重要。应用文书是伴随着人类的生产劳动、基于人类的需要而产生，伴随着社会的发展而发展的，直接服务于人类生活，用于传递信息、交流情况、处理工作，是不可或缺的工具。写好应用文书不仅仅需要有良好的写作功底，还需要逻辑思维能力、沟通协调能力，有些文书写作还需要很高的政治理论水平，所以应用文书写作水平是用人单位对人才能力考查的重要方面。

那么如何在短时间内掌握常用应用文书的基本写作方法呢？本教材是学习快速学习常用应用文书写作的好工具。

首先，本教材精选了包括党政机关公文、常用事务文书、规章制度类文书、社交礼仪文书和其他常用文书共五大类三十七种应用文书，基本覆盖了日常办公、生活所需文书。

其次，本教材实现了线上线下有机融合，"教材、网络课程、学习空间"构建了新型教材形态。是北京政法职业学院牵头建设的国家级职业教育法律文秘专业教学资源库（以下称资源库）的建设成果之一，是网络课程常用应用文写作的配套教材。教材体例与课程保持一致，教材重点内容配以二维码，手机扫一扫即可浏览丰富的视频、音频和其他资源，内容丰富、形式多样（使用方法见后）。本教材编写者有将近三十年的职业教育教学经验和二十多年职业教育教学管理经验，既了解学习者的认知和心理特点，也熟悉各类文书的写作应用，所以教材内容非常实用。本书吸收了北京政法职业学院的楚萍和郭永刚两位教师的部分精彩教学资源，在此特别感谢。

最后，本教材以学习者为中心，构建了任务导向学习闭环，符合学习规律。全书设计了六大学习情境，每个情境设置了多个学习任务，每个学习任务包括任务描述、任务情境、相关知识、任务演练、自我评价五个部分。既便于教师教学，也便于学习者自学。

总之，本教材形式新颖，内容简练，宜学宜教，充分体现了有用、有趣、有效的特点。

编者水平所限，必有不足，恳请提出宝贵意见和建议。

本教材配套资源及课程使用说明：

1. 手机微信扫码本教材中二维码，可直接观看教学资源。

2. 网络课程学习方法：用以下方法登录后请先注册，然后报名本课程；如已经注册请直接报名学习。

（1）登录超星学银在线，选择课程报名学习。网址：https://www.xueyinonline.com/detail/222468146。

（2）手机扫下方二维码，注册报名学习。

目　录

学习情境一　认知应用文书写作 …………………………………… 1
学习情境二　党政机关公文写作 …………………………………… 10
　　任务一　认知党政机关公文 …………………………………… 10
　　任务二　通知的写作 …………………………………………… 28
　　任务三　请示的写作 …………………………………………… 38
　　任务四　批复的写作 …………………………………………… 44
　　任务五　函的写作 ……………………………………………… 50
　　任务六　报告的写作 …………………………………………… 55
　　任务七　通告的写作 …………………………………………… 61
　　任务八　纪要的写作 …………………………………………… 66
学习情境三　常用事务文书的写作 ………………………………… 77
　　任务一　了解常用事务文书 …………………………………… 77
　　任务二　计划的写作 …………………………………………… 79
　　任务三　总结的写作 …………………………………………… 87
　　任务四　简报的写作 …………………………………………… 93
　　任务五　调查报告的写作 ……………………………………… 98
　　任务六　会议记录的写作 ……………………………………… 105
　　任务七　述职报告的写作 ……………………………………… 110
　　任务八　请假条的写作 ………………………………………… 114
　　任务九　借条、收条和欠条的写作 …………………………… 117
　　任务十　大事记的写作 ………………………………………… 123
学习情境四　规章制度类文书的写作 ……………………………… 130
　　任务一　行政法规类文书的写作 ……………………………… 130

  任务二 章程类文书的写作 …………………………………… 142
  任务三 制度的写作 ………………………………………… 144

学习情境五 社交礼仪文书 …………………………………………… 150
  任务一 请柬与邀请函的写作 …………………………… 150
  任务二 聘书的写作 ………………………………………… 154
  任务三 欢迎词的写作 ……………………………………… 157
  任务四 欢送词的写作 ……………………………………… 161
  任务五 贺词的写作 ………………………………………… 164
  任务六 感谢信的写作 ……………………………………… 167
  任务七 慰问信的写作 ……………………………………… 169
  任务八 开幕词的写作 ……………………………………… 175
  任务九 闭幕词的写作 ……………………………………… 180
  任务十 答谢词的写作 ……………………………………… 184

学习情境六 其他常用文书 …………………………………………… 190
  任务一 申请书的写法 ……………………………………… 190
  任务二 倡议书的写作 ……………………………………… 194
  任务三 启事的写作 ………………………………………… 199
  任务四 海报的写作 ………………………………………… 201
  任务五 公务短信的写作 …………………………………… 204
  任务六 求职信的写作 ……………………………………… 206

附录 …………………………………………………………………………… 212

学习情境一　认知应用文书写作

任务描述

应用文书写作，又称应用文写作，是单位或个人在工作和生活中出于解决实际问题、传递实用信息等应用目的而进行的写作活动。

本任务要求了解应用文书写作的概念、特点和历史源流；熟悉应用文书写作的基本要素和表达方式；掌握应用文书写作和文学创作的区别；树立对应用文书写作重要性的认识；培养规范、严谨的写作习惯，逐步树立务实、负责的写作态度。

任务情境

> 张娜即将大学毕业，她的工作意向是某局的秘书岗位。由于张娜在大学期间取得了良好的成绩，也具有较强的社会活动能力，某局通知她前去参加笔试。到了考场，张娜发现试题中有一道写作题，占总分的50%，题目是："请书写一份你的大学学习总结，字数不多于1000字。"张娜迅速梳理了自己大学生活的整体情况，拟定提纲，然后从基本情况、学习收获、存在的不足和努力方向等几个方面进行撰写。后来，张娜如愿拿到了录用通知，被安排在局办公室担任秘书。办公室主任跟张娜说道："张娜，你知道为什么录取你吗？因为你最后那个总结写得非常好，体现出你良好的逻辑思维能力和比较扎实的写作功底，对于用人单位来说，应用文的写作能力是非常重要的。"

相关知识

一、应用文书写作的适用范围

文书是党政机关、人民团体、企事业单位以及公民个人在处理和解决各种公私事务过程中形成并使用的所有文字材料，有成文的，也有不成文的。应用文书从属于文书,指成文的材料,外延相对较窄,是国家机关、企事业单位、社会团体以及个人在日常生活、工作、学习中处理公共事务与私人事务时使用的具有一定格式和实用价值的文章,其使用及写作是非常广泛的。

二、应用文书写作的特点

(一)注重实用

应用文书写作与文学创作等其他写作活动最大的区别,就在于"应用"二字。它自产生之日起,就以实用为目的,直接用于传递信息、交流情况、处理工作,写作目的非常明确。

(二)内容真实

在应用文书写作中不允许有虚构和想象的成分,其内容必须真实可靠。

(三)语言平实

应用文书写作讲究文风平实,质朴庄重。用语要规范确切,叙述明白通畅,说明要言不烦。

(四)格式规范

应用文书在长期使用过程中,经过人们的不断改进和完善,逐步形成了相对固定的文本格式和语言表达方式。它们有相同或相近的体式,有约定俗成的语言句式、用语和规范化的行文格式。这种规范性的要求有利于加强对文书的管理,提高写作质量和工作效率,更有效地发挥应用文书的作用。

三、应用文书写作的发展历史

应用文书写作历史悠久,是伴随着人类的生产劳动、基于人类的需要而产生,伴随着社会的发展而发展的,直接服务于人类生活。

原始社会可以视为应用文的孕育时期。我国很多学者都认为应用文最早产生于殷商时期。"卜辞"是最早的应用文。也有学者认为在西安市斗门乡花园村发掘出的甲骨文,比殷墟甲骨文要早 1200 年,也就是说,早在 5000 年前我国就产生了应用文。

奴隶社会到秦统一中国以前的战国时期为应用文的发端时期。这一时期,随着文字的产生,最早的书面语言公文开始出现,而且形成了众多体裁,所记载的内容归为祭祀、天时、年成、征伐、王事、旬夕六大类。这一时期出现了我国最早的公文总集《尚书》,记录了尧、舜、禹时代到周约 1500 年的历史,分为《虞书》《夏书》《商书》《周书》，是一部国家文书汇编，文体分为典、谟、训、告、誓、命六种，总计100篇。

秦汉时期是公文的发展时期。应用文日趋规范化，并涌现了大量应用文佳作。

魏晋南北朝时期是应用文的成熟时期。这一时期，各种应用文的体裁特点明显形成，文体也略有增加。这一时期，古代公文写作理论基本形成，尤其是南朝文学理论批评家刘勰的《文心雕龙》，对历代各种应用文体裁的功用、特点、写作规律进行了全面、深入、系统的分析研究，对今天的应用文研究具有重要价值。

隋唐宋时期是公文发展的高峰时期。各种应用文文体已非常完备，增加了册、制、敕等新的文体，并建立了一文一事制、修改公文须加印章制、机要公文实行编号制和催办制。

元明清时期是应用文的稳定时期，这一时期，应用文的特点是文体的分类更加详细，但是过于烦琐，到清末有所改观。

辛亥革命、五四运动和新民主主义革命时期是公文的重大变革时期。变革主要表现在四个方面。一是应用文在表达上发生了重大变革，白话文逐步替代文言文成为应用文表达的手段和特征。二是辛亥革命推翻清王朝后，南京临时政府于1912年颁布了中华民国第一个《公文程式条例》。三是北洋军阀政府连续三次公布《公文程式条例》。四是国民党执政后，先后三次颁发《公文程式条例》。但是这些改革都是不完全、不彻底的，只有中华人民共和国成立以后，应用文的发展才趋于统一和完善。

中华人民共和国成立后是应用文不断发展完善、应用文理论研究不断深入的时期。一是内容上破旧立新，体现出鲜明的时代特色；二是形式上删繁就简，摒弃了形式主义的僵化模式和诸多陈规陋习，代之以简便、灵活、实用的文书体式；三是在语言上推陈出新，出现了大量具有鲜明时代特色的新提法和语句，大力提倡"短""实""新"的优良文风。2012年4月16日，中共中央办公厅和国务院办公厅联合印发了《党政机关公文处理工作条例》，将党政两大系统的公文处理法规合二为一，是我国当代公文法规建设中一次具有划时代意义的重大变革，对进一步推动各级党政机关公文处理工作的统一化、制度化和科学化具有极为重要的现实意义和深远的历史意义。

对应用文写作的理论研究也是不断发展的。三国时期的曹丕是我国研究应用文的第一人。刘勰的《文心雕龙》、刘半农的《应用文之教授》等都对应用文书进行了深入、系统的研究和论述。现代的应用写作理论不断深入，有力地推动了应用文写作的蓬勃发展。

应用文写作在世界范围内被高度重视，很多大学将应用写作类课程作为必修课程，社会各个领域的工作都对应用文写作能力有所要求。

四、应用文书的基本要素

资源库教学资料：《应用文书的基本要素》

应用文书的基本要素包括主旨、材料、结构和语言。

（一）主旨

主旨又称主题、题旨、立意等，是通过文章的具体材料所表达的中心思想、基本观点或要说明的问题，是文章的灵魂和生命，是文章的统帅，支配行文。

应用文书的主旨应正确、鲜明、集中。

（二）材料

材料是写作的前提，包括写作前收集的资料和经过选择后写入文稿中的材料。材料是谋篇布局的基本要素，是文章的"血肉"。

应用文书写作要选择真实准确、切合主旨需要、有典型意义、新颖有时代感的材料。

（三）结构

结构是指文章内部的组织和构成，是作者按照主旨的需要，对材料进行有机的编排和组合。

应用文书常见的结构方式有纵式结构、横式结构、纵横交叉式结构。结构的构成要素通常包括标题、正文、落款。正文一般包括开头（引语或导语）、主体和结尾（结语）。

（四）语言

语言是介绍情况、陈述事实、阐述观点、总结经验、探索规律、表达情感的具体方法和手段。应用文书语言要求准确、精练、平实、庄重。

五、应用文书的表达方式

资源库教学资料：《应用文书的表达方式》

应用文书的表达方式是作者运用语言反映社会生活和思想感情，实现写作目的所采用的各种表现方式或手法。具体包括以下几种。

（一）叙述

叙述是运用陈述性语言，客观地对人物、事件发生变化的过程进行表达的一种最基本、使用频率最高的表达方式。分为概括叙述和详细叙述。概括叙述即用较少的文字，对事件、人物、环境加以介绍，给读者一个总体印象。详细叙述即用详尽的文字对事件、人物、环境做细致的交代，给人以具体生动的形象。

叙述的主要功能是介绍人物的特点，陈述事件发生的时间、地点及发展变化的状况，使读者对事件有全面、深刻的认识；为论述性文章提供论据；过渡转换文章上下文。

（二）议论

议论是作者对客观事物进行评价和论说，通过事实材料和逻辑推理来阐明立场、观点，明确表明作者态度的一种表达方式。

议论的主要功能是明确主旨、以理服人。议论的要素包括论点和论证过程。论点是作者在文章中提出的观点和见解，是选材的依据，是论证的出发点和归宿，统率全文。论证是用论据证明论点的过程和方法。论证要严谨、周密，观点和材料统一，推理合乎逻辑。有归纳法、例证法、类比法、喻证法、对比法、排除法等方法。

议论分为立论和驳论。立论是作者以充足的论据直接从正面来阐述自己的观点，是一种直接的正面的证明。驳论是通过反驳他人的议论，从而确立自己的论点，是一种间接的侧面的证明。

（三）说明

说明是用简明、准确的语言，对客观事物的形状、性质、特征、成因、功能、用途等进行介绍和阐述的一种表达方式。

（四）描写

描写是用形象的语言对人物、事件、环境、景物的状貌、情态、特征等进行具体生动的描绘或刻画，形象地再现客观事物的一种表达方式。主要功能是写景状物，刻画形象。描写的基本要求是目的明确，抓住特征，具体逼真地刻画人物、事物、事件的细节。

（五）抒情

抒情是用来表现和抒发作者和作品中人物的主观感受的一种表达方式。功能是渲染气氛，显示全文基调，以情动人，增强文章的吸引力和感染力。

任务演练

（1）应用文书写作有什么特点？
（2）应用文书与其他文体有什么不同？
（3）应用文书的基本要素有哪些？
（4）应用文书的表达方式有哪些？

自我评价

项目	评估内容	自我评价
认知层面	了解什么是应用文书了吗？	
	了解什么是应用文书写作了吗？	
	应用文书写作的特点是什么？	
能力层面	你能区别应用文书写作和其他写作活动的不同吗？	
发展层面	你觉得要写好应用文书需要具备哪些条件？	

资源库拓展资料：《数字的故事》

张娜的写作心得

张娜最近参加了一个文书写作的培训班，感觉收获很多。回想自己最近一段时间埋头撰写各种文书，包括通知、总结、请示等，感觉焦头烂额，还总是被要求反复修改，心里感到很不愉快，也担心会被调整岗位，而这次培训让她茅塞顿开，回来后，自己总结了几条秘诀，决定以后就照着这几条秘诀执行了。

第一条秘诀是要善于归纳总结，层次分明。张娜在作书面汇报的时候，担心上司不明白文稿意思，就喜欢把今日或今周的事件按时间顺序一字不漏地写下来，如今日上午9点到了哪个地方，路上使用什么交通工具，写了一大堆过程，最后总结一句"没有找到人，事情没有完成"。对于这样的描写，领导总是让她不断地删减。现在张娜明白了上司根本不在乎过程，而在乎你的结果，你的目标没有达成，讲过程又有何用呢？因此，以后作文书汇报时，一定要注意归纳总结，言简意赅，让上司一看就知道事情有没有完成。

第二条秘诀是写作注重职场语言。比如，"报告"和"请示"，好多秘书人员分不清区别。又如，在会议纪要或会议中，还会出现第三人称"他"，这是非常不规范的文书写作，职业秘书不是在写散文，更不是在编写故事，而是在制作实用性文书。

第三条秘诀是写作要通俗易懂，注重实用性。如果动不动就来一段"诗情画意"的文字，犹如作家的职业风范，这种写法实在不符合公文庄重严谨的风格特征。

第四条秘诀是要注重时效性。职业秘书人员接触的大部分是会议记录、简报、请示、新闻等，都具有很强的时效性，时过境迁，就没有使用价值了。比如会议记录，上司要求其中的一项事情由部门明天完成，而秘书人员的会议记录在后天才能够拿出来，等会议记录拿出来后，这件事情就已经完成，会议记录就失去了指导意义。再如新闻稿时效性更强，需要在第一时间上传到指定媒介，如果秘书人员还在为新闻稿不重要的内容咬文嚼字，迟迟不上传，那还有什么时效性可言呢？因此职业秘书经常会加班加点，通宵达旦，以保证文书的时效性。

张娜看着自己总结的这几条秘诀，觉得写作是一门实践性和理论性都很强的工作，自己要学的东西还有很多。

数字的故事

张娜刚进公司的时候，办公室主任老李经常向她传授自己的经验。有一天午休时，老李又开始谆谆教诲了。他对张娜说："小姑娘，你知道吗？你现在的专业是数学而不是文学。我给你讲一些数学故事吧。"张娜问："与您的秘书工作经历有关吗？"他说："当然有关了。"

十年前，老李还被称为"小李"，工作认真、刻苦。有一次他为总经理写一份讲话稿。当时办公设备极其简陋，那篇 6600 字的稿子是他用两天两夜的时间，在"豪饮"了 36 杯浓酽的茶水之后，才写成草稿并一字一句地抄在稿纸上的。

第二天，当窗外的曙色出现时，他的眼睛也布满了血丝，瞟了一眼抄写整齐的稿子，他倒头睡了个一塌糊涂。梦中他竟想起了自己的稿子，6600 字——"六六大顺"嘛，这是多么吉利的数字啊。在梦中，他甜甜地笑了。

他起草的稿子是要在很大规模的会议上念的。在总经理的讲话进行到 10 分钟左右时，出现了意料不到的事情。念到象征工作成就的数字——销售额突破 3456000 元的时候，总经理一连念了三遍都没有念对。

台下起初寂静无声，而后便是窃窃私语。台上总经理的脸憋得通红，额头上滚出了晶莹的汗珠，最后不再念那个数字了。总经理讲话结束时双眼扫了一下会场，并在讲稿起草者的脸上停了好大一会儿。当时，小李无地自容，恨不得钻到地底下去。

张娜看着老李半天才回过神来,说:"李主任,这真不是数学的事啊,这是中文的事,应该把阿拉伯数字写成汉字就行了,要是写成三百四十五万六千元就没问题了。而且写成大写汉字也不容易被篡改。真是宝贵的经验。谢谢主任提示。"

任务目标检测

一、判断题

1. 应用文书可有一个或多个主旨。（　　）
2. 主旨是应用文书写作的前提和基础。（　　）
3. 应用文书写作者应对收集到的材料进行鉴别、筛选。（　　）
4. 议论是应用文书写作中最基本、最常见的表达方式。（　　）
5. 材料是文章的"血肉"、主旨是材料的"灵魂",好的材料可以深化文章主旨。（　　）
6. 我国应用文产生于距今 3500 多年的殷商时期。（　　）
7. 正确性是对应用文主旨最基本的要求。（　　）

二、单项选择题

1. 应用文书一般是用（　　）。
A. 陈述句　　B. 感叹句　　C. 祈使句　　D. 疑问句
2. 应用文书的语言要求不包括（　　）。
A. 简明　　B. 准确　　C. 得体　　D. 形象
3. 应用文书的基本结构不包括（　　）。
A. 标题　　B. 正文　　C. 落款　　D. 发文字号

三、多项选择题

1. 对应用文书主旨的要求是（　　）。
A. 正确　　B. 鲜明　　C. 集中　　D. 庄重
2. 应用文书的特点有（　　）。
A. 实用性　　B. 真实性　　C. 平实性　　D. 规范性
3. 应用文书主要的表达方式有（　　）。

A. 议论　　B. 说明　　C. 描写　　D. 抒情

4. 应用文书写作与文学创作的不同之处是（　　）。

A. 思维方式不同　　　B. 语言风格不同　　　C. 主旨表达方式不同

D. 作品发挥的作用不同

学习情境二　党政机关公文写作

任务一　认知党政机关公文

任务描述

党政机关公文是党政机关实施领导、处理公务的具有特定效力和规范体式的文书，是传达、贯彻党和国家的方针政策；公布法规和规章；指导、布置和商洽工作；请示和答复问题；报告、通报和交流情况的重要工具。

本任务的要求是了解党政机关公文的特点和类型，掌握党政机关公文的行文规则、公文结构和写作注意事项。

任务布置

请阅读以下资料，并回答问题。

张娜大学毕业后被录用到某局机关办公室担任秘书。某日，办公室主任给张娜安排了工作："张娜，局里要在下周召开月总结会，需要各处室的负责人参加，你发个通知下去。""另外，下周五局长要去某市某局调研，你起草个文件发过去。"

问题：1. 张娜要起草哪些公文呢？

2. 这些公文的行文方向是什么？

相关知识

一、党政机关公文的特点、作用

2012年4月16日，中共中央办公厅、国务院办公厅联合印发《党政机关公文处理工作条例》（以下简称《条例》）（中办发〔2012〕14号），规定党政机关公文的种类为15种，包括决议、决定、命令（令）、公报、公告、通告、意见、通知、通报、报告、请示、批复、议案、函、纪要。

（一）党政机关公文的特点

1. 鲜明的政治性和政策性

公文是国家党政机关、社会团体、企事业单位等用来沟通、协调、处理内外关系，进行有效管理、协调管理系统的书面工具。公文内容是由国家党政机关、社会团体、企事业单位等的行动意图、公务活动决定的，代表这些机关单位的政治意向和根本利益，所以带有鲜明的政治性与政策性。

2. 法定的权威性和行政约束力

公文是由法定机关制发的，是以法律为后盾，受国家法规的保障；制发机关及其负责人是国家政权或团体、企事业部门的代表，制发权是根据法规章程，通过一定手续赋予的。因此，特定机关所发的公文，就代表这一级机关法定的职责；凡是在规定职权范围内制发的公文，就是代表一级机关发言，具有法定的权威性和行政约束力。不能越权行文、违法违章行文。

公文直接形成于内容所针对的现实公务活动，对受文者及其他有关方面的行为将产生由法律法规所规定的不同程度的强制性影响，如在规定的时间、空间范围和机构、人员范围内强制执行、强制阅读、强制办理、强制复文等。

3. 规范的体式

公文的用纸、书写、装订有统一的规定和要求。公文的文风和语言也自成一体，与记叙文、议论文、说明文等文体有明显区别。其体现了公文的权威性和严肃性，有利于文书工作的开展和机关工作效率的提高。

4. 法定的处理程序

公文的制发和办理都必须经过一定的程序。如公文拟制包括公文的起草、审核、签发等程序；发文包括复核、登记、印制、核发等程序；收文要经过签收、登记、初审、承办、传阅、催办、答复等程序，每个流程都有严格的要求。

5. 严格的时效性

公文是为推动现实工作服务的，因此公文的效力受到时间的限制，具有时效性。如公文要解决的是当前问题，往往有具体时限要求。如果工作已完成，该项工作中的公文作用即结束；或者情况发展变化了，又有新的文件发布，原文件便不再发挥其现实作用。

（二）党政机关公文的作用

公文在办理公共事务的过程中，具有极为重要的作用。公文的作用主要表现在以下几个方面。

1. 颁布法规

为维护社会生活的正常秩序，国家各级机关经常需要颁布一些法律、法令及规定。

2. 指挥管理

党政机关、企事业单位、群众团体，都在特定的范围内担负着组织、指挥、管理的职责，而实施这些职责的基本工具，就是公文。命令、决定、决议、批复等文种就属于指挥、管理性的下行公文。相当多的公文的起草、定稿过程，实质上就是管理工作的实施过程。

3. 联系沟通

公文的一个重要作用就是交流信息，包括上情下达（如公告、通告、通报等），下情上传（如报告、请示）或平级间的协调（如函）。

4. 宣传教育

许多公文的制发与传达，就是为了明确和宣传党和国家的方针、政策。一些决定、通报等文体，具有宣传教育作用。

5. 凭证依据

公文是有关公务活动开展的依据，也是公务活动的真实记录和凭证。有了公文这种书面材料，各项工作的进行才能有据可查，有案可考。因此，许多重要的公文，都要归档保存。

二、党政机关公文的行文规则

行文是公文制发过程中的重要一环。《条例》明确规定：行文应当确有必要，讲求时效，注重针对性和可操作性。行文关系是根据隶属关系和职权范围确定的，一般不得越级行文，特殊情况需要越级行文的，应当同时抄送被越过的机关。

资源库教学资料：《公文的行文规则》

（一）行文方向

按照行文关系，公文可分为上行文、下行文和平行文。

1. 上行文

凡是下级机关向上级机关呈送的公文，称为上行文。如报告、请示等。

2. 下行文

凡是上级机关向下属机关发送的公文，称为下行文。如决议、决定、命令（令）、公告、通告、通知、通报、批复等。

3. 平行文

平级机关或者不相隶属的机关之间由于工作需要相互往来的公文，称为平行文。如函、议案、某些通知。

需要注意的是，有些公文可以兼行，如意见和纪要。意见可以用于上行文、下行文和平行文。意见作为上行文，应按请示性公文的程序和要求办理。意见作为下行文，文种对贯彻和执行有明确要求的，下级机关应遵照执行；文种对贯彻和执行无明确要求的下级机关可参照执行。意见作为平行文，提出的意见供对方参考。纪要既可以作为上行文汇报会议精神，也可以作为下行文指导工作，还可以作为平行文进行交流沟通。

（二）行文规则

1. 行文根据规则

这条规则要明确两点：一是按机关隶属关系行文。上级机关对下级机关可以作出指示、布置工作、提出要求；下级机关可以向直接的上级机关报告工作、提出请示，上级机关对请示事项应予以研究答复。除了这一层关系，在我们国家现行管理体制中，还形成了一种各业务部门上下垂直的条条关系，其中有些部门属本级政府和上级部门双重领导，大部分和上级业务部门之间虽然不属直接领导与被领导的关系，但在业务上的确存在指导与被指导的关系，也就形成了直接的上下行文关系。二是按机关的职责范围行文。这一点的要求是，行文的内容应是本机关职责范围内的事项，而不能超出，超出了即越权。如果干涉了别的机关事务，不仅在实践中行不通，而且会造成政令混乱。当然，不相隶属机关之间也有公文往来，但那只能是商洽工作、通知事项、征询意见等，而不具有请示、报告或布置任务的性质。

行文规则中还要说明的是党的领导机关根据工作需要，可向同级政府及部门或下级政府机关行文；而政府机关不得向党的组织行文作出指示、安排任务。

2. 授权行文的规则

这条规则是上一条规则的引申。如果一个部门的业务需要下级政府和有关部门的支持与配合，按隶属关系和职责范围又不具备布置工作、提出要求的行文权限时，这就可以通过授权行文来解决。具体来说，这个部门可向本级政府请示，经本级政府同意并授权后，向下级政府行文。在操作中，应将文稿拟好，由本部门领导签署，请本级政府分管领导审批。经本级政府领导审批后的文稿，在行文时，才能在文首或文中注明"经××政府同意"的字样。这里特别需要说明的是，各级政府办公厅（室）的行文都具有授权行文的性质（内部事务除外）。各级政府办公厅（室）以及各部门的办公室是政府和部门的综合办事机构，对外行文都是代表政府和部门，与本级政府和本部门的公文具有同等效力，下级机关（部门）都应贯彻执行，可不在文首或文中标注"经×××同意"的字样。

3. 联合行文的规则

这条规则仍是第一条规则的引申。同级政府与政府之间、部门与部门之间、上级部门与下级政府之间可以联合行文；政府与同级党委、军事机关之间可以联合行文；政府部门与同级党委部门、军事机关部门之间可以联合行文；政府部门与同级人民团体和行使行政职能的事业单位之间，就某些互相有关的业务，经过会商一致后可以联合行文。

联合行文既可联合向上行文，也可联合向下行文。联合行文应当确有必要，单位不宜过多。

4. 不越权规则

不越级行文体现了一级抓一级、一级对一级负责的原则。一般情况下不能破坏这种原则，破坏了，就会造成混乱，也影响机关办事效率。所以通常情况下，不越级行文。遇有特殊情况，如发生重大的事故、防汛救灾等突发事件或上级领导在现场办公中特别交代的问题，可越级行文，特事特办，但要抄送被越过的上级机关。否则，受文机关可将越级公文退回原呈报机关，或可作为阅件处理，不予办理或答复。

5. 不报个人规则

"请示"直接报送领导者个人，其危害性大体上有三点：一是未经文秘机构签收、登记，成了"账外公文"，公文的流向、处理情况不得而知，查无踪迹，成了"断线的风筝"；二是这类公文到了领导手里，没有部门的审批意见，领导只能以经验、凭感觉办事，往往失去决策的科学性，如果不批，就有可能影响报送单位的工作；三是现实中一些单位拿着直送领导的批示件当"尚方宝剑"，借领导批示向对方施加压力，甚至到有关部门要钱要物，引起矛盾。所以，领导一般不受理这类直报的请示，而退给文秘机构统一签收、登记、分办，这便形成了公文"倒流"，它破坏了公文处理的正常程序。如果是上级领导个别交办、答应的事项，由此而上报的"请示",最好也应主送该领导所在的机关,并在公文中做出说明。收文机关在分办时,自然会把这份公文分送给相关领导批阅。

6. "请示"规则

这条规则包括三项内容:一是一文一事。机关或部门都有明确分工,各自只能办理职责范围内的事,如果一文数事,必然涉及几个主管部门,给公文交办带来困难,即使勉强交办出去,可能谁也不愿牵头办理,造成互相推诿、扯皮。二是请示公文只主送一个机关。请示内容是要求答复的事项,主送机关有责任研究并作出答复。相关的机关或部门采用抄送形式,以便主办机关征求意见或会签。如果多头呈送,上级机关一般不予受理。如果受理,就会造成机关之间相互等待或意见不统一,增加协调难度,影响工作效率。三是不同时抄送下级机关。请示内容是未决事项,在上级机关还没有批准前,向下级机关抄送透露,会引起不必要的误会或矛盾,不利于工作的开展。因此,请示事项只能在上级机关答复或批准之后,通知下级机关。

7. 报告规则

"报告"和"请示"是两个不同的文种,适用范围有明显的界限,不能混用。"报告"或是向上级机关汇报工作、反映情况,或是向上级机关提出意见、建议,供上级机关决策参考。上级机关对"报告"一般不作答复,如果报告中夹带请示事项,很容易误事。如果既想汇报工作,让上级掌握,又想请示解决问题,一般有两种办法解决:一是将"报告"和"请示"分开,形成两份公文分别上报;二是以请示公文为主,将报告的内容作为附件,附在请示后面作为背景材料,让上级了解请示的充分理由。

8. 公文处理规则

为了使公文按正常的渠道运转,按规范的程序办理,机关都设有专司公文处理的文秘机构或配备专人处理公文。公文的正常流程是:"收"由文秘机构统一签收、拆封、清点分类、登记、拟办、分办、催办;"发"由文秘机构统一核稿,分送领导签批,再回到文秘机构登记编号、缮印、校对、用印、分发。分发前,只有经过复核无误后,才可照单分发。这样,无论公文收进或发出,都经过专司公文处理工作的一个口子把关,就能保证公文在机关有秩序地运转,规范办理,提高机关办事效率,保证公文质量。

经批准的报刊上全文发布的行政法规和规章,应视为正式公文依照执行,可不再发文。发文机关可印制少量文本,供存档备查。

三、党政机关公文的结构

资源库教学资料：《玩拼图学格式》

《条例》规定，"公文一般由份号、密级和保密期限、紧急程度、发文机关标识、发文字号、签发人、标题、主送机关、正文、附件说明、发文机关署名、成文日期、印章、附注、附件、抄送机关、印发机关和印发日期、页码等组成"。

根据《党政机关公文格式》（GB/T9704-2012），将组成公文的各要素划分为版头、主体、版记三部分。公文首页红色分隔线以上的部分称为版头；公文首页红色分隔线（不含）以下，公文末页首条分隔线（不含）以上的部分称为主体；公文末页首条分隔线以下，末条分隔线以上的部分称为版记。

（一）版头

版头部分一般由份号、密级和保密期限、紧急程度、发文机关标识、发文字号、签发人、版头中的分隔线七个要素组成。

1. 份号

份号是指公文印制份数的顺序号，涉密公文应当标注份号。如需标注份号，一般用6位3号阿拉伯数字，顶格编排在版心左上角第一行。

2. 密级和保密期限

涉密公文应当根据涉密程度分别标注"绝密""机密""秘密"和保密期限。如需标注密级和保密期限，一般用3号黑体字，顶格编排在版心左上角第二行；保密期限中的数字用阿拉伯数字标注。

3. 紧急程度

紧急程度是指公文送达和办理的时限要求。根据紧急程度，紧急公文应当分别标注"特急""加急"，电报应当分别标注"特提""特急""加急""平急"。如需标注紧急程度，一般用3号黑体字，顶格编排在版心左上角。

如需同时标注份号、密级和保密期限、紧急程度，就按照份号、密级和保密期限、紧急程度的顺序自上而下分行排列。

4. 发文机关标识

由发文机关全称或规范化简称加"文件"二字组成，也可以使用发文机关全称或者是规范化简称。

发文机关标识居中排布，上边缘距版心上边缘35mm，推荐使用小标宋体字，颜色为红色，以醒目、美观、庄重为原则。

联合行文时，如需同时标注联署发文机关名称，一般应当将主办机关名称排列在前；如有"文件"二字，应当置于发文机关名称右侧，以联署发文机关名称为准，上下居中排布。

5. 发文字号

发文字号由发文机关代字、年份、发文顺序号组成。联合行文时，使用主办机关的发文字号。发文字号编排在发文机关标识下空行位置，居中排布。年份、发文顺序号用阿拉伯数字标注；年份应标全称，用六角括号"〔〕"括入；发文顺序号不加"第"字，不编虚位（即1不编为01），在阿拉伯数字后加"号"字。上行文的发文字号居左空一字编排，与最后一个签发人姓名处在同一行。

6. 签发人

上行文应当标注签发人姓名。由"签发人"三字加全角冒号和签发人姓名组成，居右空一字，编排在发文机关标识下空二行位置。"签发人"三字用3号仿宋体字，签发人姓名用3号楷体字。如有多个签发人，签发人姓名按照发文机关的排列顺序从左到右、自上而下依次均匀编排，一般每行排两个姓名，回行时与上一行第一个签发人姓名对齐。

7. 版头中的分隔线

发文字号下4mm处居中印一条与版心等宽的红色分隔线。

（二）主体

主体部分一般由标题，主送机关，正文，附件说明，发文机关署名、成文日期和印章，附注，附件等要素构成。

1. 标题

标题由发文机关名称、事由和文种组成。一般用2号小标宋体字，编排于红色分隔线下空二行位置，分一行或多行居中排布；回行时，要做到词意完整，排列对称，长短适宜、间距恰当。

多行标题排列为梯形或菱形，不采用上下长度一样的长方形和上下长、中间短的沙漏形。

2. 主送机关

主送机关指公文的主要受理机关，应当使用机关全称、规范化简称或者同类型机关统称。编排于标题下空一行位置，居左顶格，回行时仍顶格，最后一个机关名称后标全角冒号。如主送机关名称过多导致公文首页不能显示正文时，应当将主送机关名称移至版记。

3. 正文

公文首页必须显示正文。一般用3号仿宋体字，编排于主送机关名称下一行，每个自然段左空两字，回行顶格。文中结构层次序数依次可以用"一、""（一）""1.""（1）"标注；一般第一层用黑体字、第二层用楷体字、第三层和第四层用仿宋体字标注。

4. 附件说明

如有附件，在正文下空一行左空两字编排"附件"二字，后标全角冒号和附件名称。如有多个附件，使用阿拉伯数字标注附件顺序号（如"附件：1.×××××"）；附件名称后不加标点符号。附件名称较长需回行时，应当与上一行附件名称的首字对齐。

5. 发文机关署名、成文日期和印章

（1）加盖印章的公文

成文日期一般右空四字编排，印章用红色，不得出现空白印章。

单一机关行文时，一般在成文日期之上、以成文日期为准居中编排发文机关署名，印章端正、居中下压发文机关署名和成文日期，使发文机关署名和成文日期居印章中心偏下位置，印章顶端应当上距正文（或附件说明）一行之内。

联合行文时，一般将各发文机关署名按照发文机关顺序整齐排列在相应位置，并将印章一一对应、端正、居中下压发文机关署名，最后一个印章端正、居中下压发文机关署名和成文日期，印章之间排列整齐、互不相交或相切，每排印章两端不得超出版心，首排印章顶端应当上距正文（或附件说明）一行之内。

（2）不加盖印章的公文

单一机关行文时，在正文（或附件说明）下空一行右空两字编排发文机关署名，在发文机关署名下一行编排成文日期，首字比发文机关署名首字右移两字，如成文日期长于发文机关署名，应当使成文日期右空两字编排，并相应增加发文机关署名右空字数。

联合行文时，应当先编排主办机关署名，其余发文机关署名依次向下编排。

（3）加盖签发人签名章的公文

单一机关制发的公文加盖签发人签名章时，在正文（或附件说明）下空两行右空四字加盖签发人签名章，签名章左空两字标注签发人职务，以签名章为准上下居中排布。在签发人签名章下空一行右空四字编排成文日期。

联合行文时,应当先编排主办机关签发人职务、签名章,其余机关签发人职务、签名章依次向下编排,与主办机关签发人职务、签名章上下对齐;每行只编排一个机关的签发人职务、签名章;签发人职务应当标注全称。

签名章一般用红色。

(4)成文日期中的数字

用阿拉伯数字将年、月、日标全,年份应标全称,月、日不编虚位(即1不编为01)。

(5)特殊情况说明

当公文排版后所剩空白处不能容下印章或签发人签名章、成文日期时,可以采取调整行距、字距的措施来解决。

6. 附注

如有附注,居左空两字加圆括号编排在成文日期下一行(见图2-1)。

图 2-1 附注

7. 附件

附件应当另面编排,并在版记之前,与公文正文一起装订。"附件"二字及附件顺序号用3号黑体字顶格编排在版心左上角第一行。附件标题居中编排在版心第三行。附件顺序号和附件标题应当与附件说明的表述一致。附件格式要求同正文。

如附件与正文不能一起装订,应当在附件左上角第一行顶格编排公文的发文字号并在其后标注"附件"二字及附件顺序号。

(三)版记

版记,图示(见图2-2)。

图 2-2 版记

1. 版记中的分隔线

版记中的分隔线与版心等宽，首条分隔线和末条分隔线用粗线（推荐高度为 0.35mm），中间的分隔线用细线（推荐高度为 0.25mm）。首条分隔线位于版记中第一个要素之上，末条分隔线与公文最后一面的版心下边缘重合。

2. 抄送机关

如有抄送机关，一般用 4 号仿宋体字，在印发机关和印发日期之上一行、左右各空一字编排。"抄送"二字后加全角冒号和抄送机关名称，回行时与冒号后的首字对齐，最后一个抄送机关名称后标句号。

如需把主送机关移至版记，除将"抄送"二字改为"主送"外，编排方法同抄送机关。既有主送机关又有抄送机关时，应当将主送机关置于抄送机关的上一行，两者之间不加分隔线。

3. 印发机关和印发日期

印发机关和印发日期一般用 4 号仿宋体字，编排在末条分隔线之上，印发机关左空一字，印发日期右空一字，用阿拉伯数字将年、月、日标全，年份应标全称，月、日不编虚位（即 1 不编为 01），后加"印发"二字。

版记中如有其他要素，应当将其与印发机关和印发日期用一条细分隔线隔开。

4. 页码

一般用 4 号半角宋体阿拉伯数字，编排在公文版心下边缘之下，数字左右各放一条一字线；一字线上距版心下边缘 7mm。单页码居右空一字，双页码居左空一字。公文的版记页前有空白页的，空白页和版记页均不编排页码。公文的附件与正文一起装订时，页码应当连续编排。

附：公文式样

A4 型公文用纸页边及版心尺寸如图 2-3 所示；公文首页版式如图 2-4 所示；联合行文公文首页版式 1 如图 2-5 所示；联合行文公文首页版式 2 如图 2-6 所示；公文末页版式 1 如图 2-7 所示；公文末页版式 2 如图 2-8 所示；联合行文公文末页版式 1 如图 2-9 所示；联合行文公文末页版式 2 如图 2-10 所示；附件说明页版式如图 2-11 所示；带附件公文末页版式如图 2-12 所示；信函格式首页版式如图 2-13 所示；命令（令）格式首页版式如图 2-14 所示。

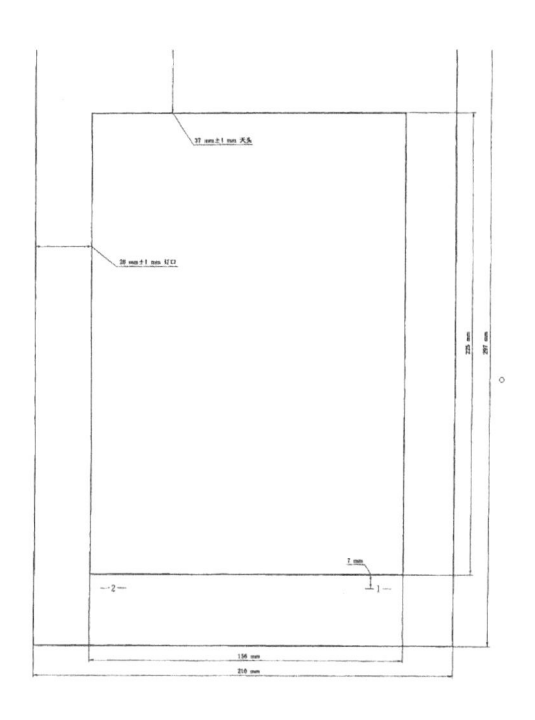

图 2-3　公文用纸页边及版心尺寸

图 2-4　公文首页版式

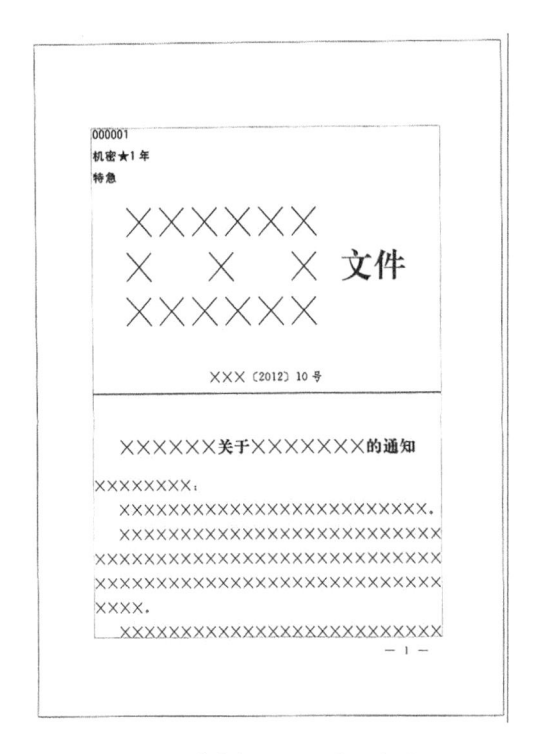

图 2-5　联合行文公文首页版式 1

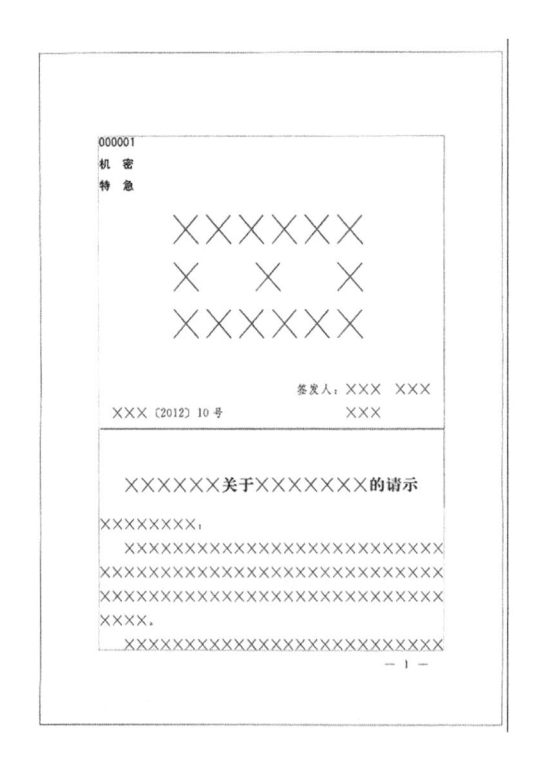

图 2-6　联合行文公文首页版式 2

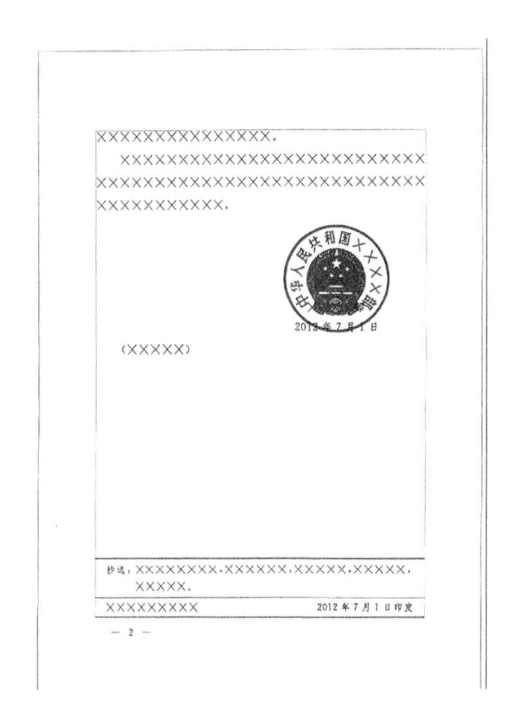

图 2-7　公文末页版式 1

图 2-8　公文末页版式 2

图 2-9　联合行文公文末页版式 1

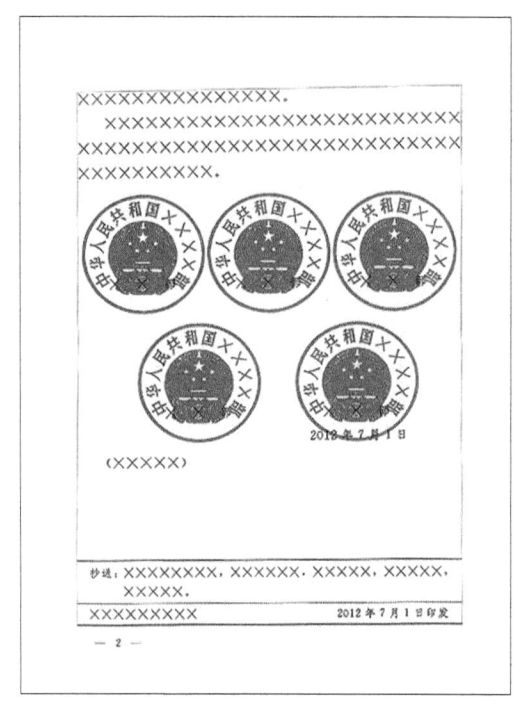

图 2-10　联合行文公文末页版式 2

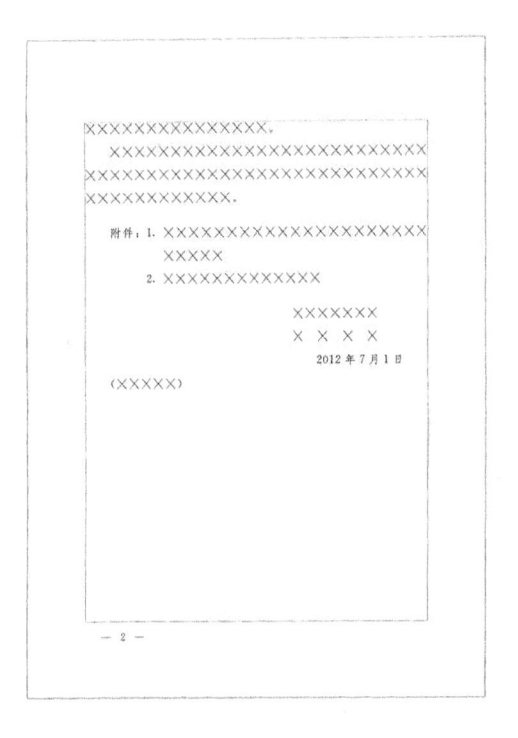

图 2-11　附件说明页版式

图 2-12　带附件公文末页版式

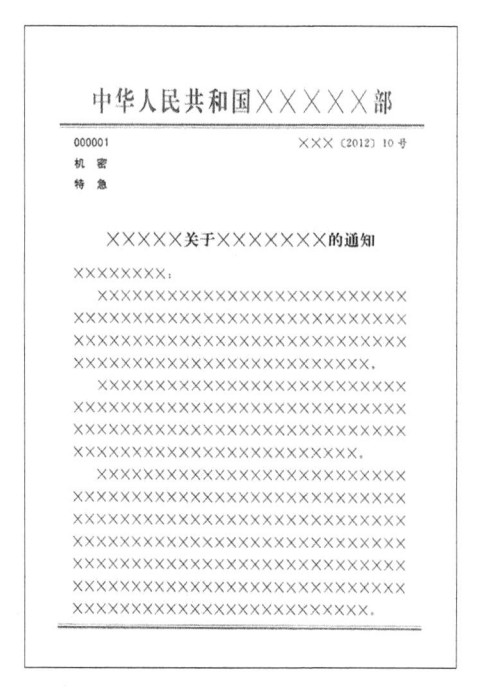

图 2-13　信函格式首页版式

图 2-14　命令（令）格式首页版式

四、公文撰写的注意事项

（一）严格遵循行文规则

《条例》第四章规定了必须遵循的规则（第13—16条）。

（二）简明扼要、准确无误

党政机关公文不能像文学作品那样进行细腻的描写，要简明扼要，对公文的内容，如人名、地名、数字、引文等要进行反复检查，认真校对，以免产生差错。

（三）注重时效

时效性是公文的重要特点之一。

（四）使用国家法定的计量单位

（五）数字使用规范

公文中的数字，除成文时间、部分结构层次序数的词、词组、惯用语、缩略语、缩略词、具有修辞色彩的语句中作为词素的数字必须使用汉字外，应当使用阿拉伯数字。

自我评价

项目	评估内容	自我评价
认知层面	你了解什么是党政机关公文了吗？其有什么作用？	
	党政机关公文有哪些种类？	
	公文按行文方向可以分为几类？	
能力层面	你能根据情况判断公文的行文方向吗？	
	你能说出公文的结构是由哪些要素组成的吗？	
发展层面	公文的行文规则有什么意义？	

资源库拓展资料：《一词之差，引起一场战争》

一词之差，引起一场战争

19世纪末期，两个国家因条约上的一词之差而引起一场战争。

事情发生在非洲的埃塞俄比亚。19世纪末期，苏伊士运河通航了，位于红海沿岸的埃塞俄比亚，其战略地位日益重要起来。当时英国、法国、意大利都想将其占为己有。1889年，埃塞俄比亚的麦纳利克掌权。意大利乘机予以援助，并与之签订了《乌西阿利条约》，埃塞俄比亚割让部分领土换取意大利的财政和军事援助。但意大利仍不满足，于是在条约的措辞上打下了埋伏。

条约的第十七条规定："埃塞俄比亚万王之王陛下在其与其他列强或政府所发生的一切交涉中，可以借助意大利国王陛下的政府。"而条约还有一个意大利文本。而在意大利的文本中，"可以"被改作"必须"。条约签字生效后，1890年，意大利通知各国，宣布埃塞俄比亚是意大利的保护国。因为，依照意大利文本"必须"词义的解释，埃塞俄比亚只能处于意大利的卵翼之下。一个民族的自尊心就这样被污辱了。麦纳利克宣布废除《乌西阿利条约》。战争爆发了。埃塞俄比亚人民万众一心，痛击侵略者，迫使意大利于1896年重新签订了条约，承认埃塞俄比亚为独立主权国家。

"可以""必须"这两个词，乍一看，区别不是很大，实际上，略加分析，其含义根本不同："可以"，表示主动权在埃塞俄比亚手里，一旦有事请人帮忙，我可以请意大利，也可以不请它，而请别的国家；而"必须"就不同了，它表示"一定要"的意思，根本没有埃塞俄比亚的决定权。而毫无决定权的国家，不是保护国又是什么呢？可见，这换词的背后，是别有居心的。

任务二　通知的写作

任务描述

通知是运用广泛的知照性公文，用来发布法规、规章，转发上级机关、同级机关和不相隶属机关的公文，批转下级机关的公文，要求下级机关办理某项事务等。

本任务要求了解通知的特征和种类，掌握通知的结构和写作要求，能够撰写通知。

任务布置

某日，办公室主任给秘书张娜安排了工作："张娜，局里要在下周五上午召开月总结会，需要各处室的负责人参加，到时候各位局领导都会到会，你发个通知下去。"

请问，张娜该如何起草这份通知呢？

> **相关知识**

资源库教学资料:《通知的制作》

一、通知的适用范围

根据《条例》规定,通知适用于发布、传达要求下级机关执行和有关单位周知或者执行的事项,批转、转发公文。

通知适用范围广泛,使用频率很高,可以用来布置工作、传达指示、发布规章、任免干部等。同时,通知的发文机关不受机关性质、级别层次的限制,任何机关单位、事业单位都可以发布通知。受文对象也非常广泛,而且部分通知可以发往不相隶属的机关。

二、通知的特征

(一)内容具有指导性

用通知来发布规章、布置工作、传达指示、转发文件,体现了通知的指导功能。受文单位对通知的内容要认真学习,并在规定时间内完成所布置的任务。

(二)具有较强的时效性

通知是一种制发快捷、运用灵便的公文,它所办理的事项,都有明确的时间限制,受文机关要在规定的时间内办理完成,不得拖延。

(三)形式灵活

通知的写作形式较灵活,既可以长篇述文,也可以简明扼要;既可以内部发文,也可以公开张贴。

三、通知的种类

通知根据不同的作用,可以分为发布指示的通知,颁发规章的通知,批转、转发文件的通知,告知性通知,任免通知和会议通知。

(一)发布指示的通知

这类通知用来发布指示、布置工作。凡是需要对某一事项进行处理、对某问题做出指示又不用于以命令、决定、指示的形式行文的时候,均可用通知的文种办理,如《国务院办公厅关于坚决防止发生重大特大火灾事故的紧急通知》。

(二)颁发规章的通知

我国除重要的法律性文件用命令颁布,多数法规和规章性文件,如条例、规定、办法、细则、实施方案等，都适合用通知，如《国务院关于印发国家职业教育改革实施方案的通知》。

（三）批转、转发文件的通知

"批转"型通知是指转发下级机关发来的公文。

"转发"型通知是指用来转发上级机关、同级机关和不相隶属机关的公文的通知，如《国务院办公厅关于转发教育部等部门教育部直属师范大学师范生公费教育实施办法的通知》。

（四）告知性通知

这类通知一般只有告知性，没有指导性。其用途广泛，如机构名称变更、人事调整、修改行政规章、启用或作废公章等，如《国务院办公厅关于调整2019年劳动节假期安排的通知》。

（五）任免通知

任免领导干部的职务，根据职务的重要程度不同，可采用不同的文种，最高可用任免令，其次可用决定，再次用通知，最低用公布任免名单的方式。任免基层干部时通常用通知，如《北京市人民政府关于××等13名同志职务任免的通知》。

四、通知的写作结构

通知一般由标题、主送单位、正文和落款组成（见图2-15）。

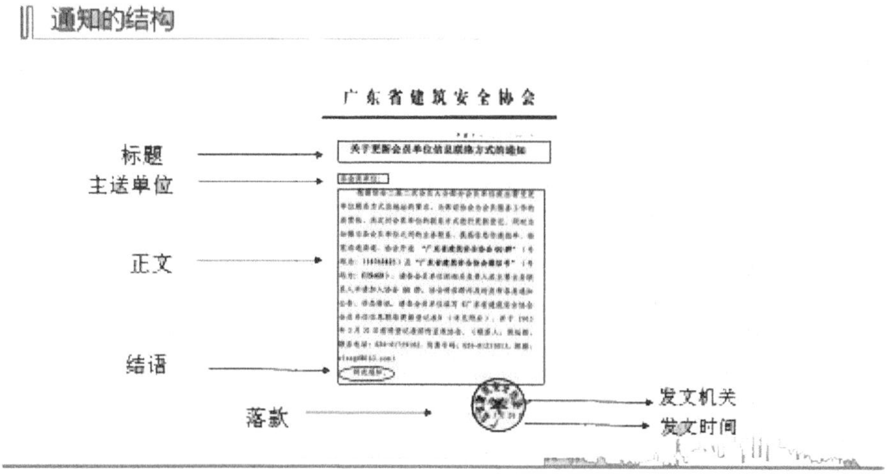

图2-15 通知图示

（一）标题

通知的标题写法通常有三种形式。

（1）由发文单位、事由、文种三部分构成，如《国务院办公厅关于坚决防止发生重大特大火灾事故的紧急通知》。

（2）由事由和文种构成，如《关于坚决防止发生重大特大火灾事故的紧急通知》。

（3）只写文种。一般事务性通知可只用"通知"作标题。

（二）主送单位

主送单位是指通知的受文对象。在标题下面顶格写。其名称要写全称或规范化的简称。张贴、公布的通知可以省略主送单位。主送单位可以是一个，也可以是多个。主送机关较多的情况下要注意主送机关排列的规范性。

（三）正文

正文是通知的主体和核心部分，包括通知前言、通知事项和结语三部分。其写法应视通知的实际情况和需要，即由其内容而定。首先写明制发通知的缘由、依据或目的；其次写明通知的事项，如有关政策、规定，需要周知、办理、执行的事项，等等。结语根据情况可以不写。

（四）落款

落款部分一般由发文机关和发文日期组成，标题中已经提到发文机关的也可以省略，日期要写全，形成文件的通知要加盖公章。

五、通知的具体写法

（一）指示性通知

由通知缘由、通知事项、执行要求三部分构成。通知缘由中先简要交代发布通知的背景、原因、依据、目的等，然后用"特作如下通知""现将有关事项通知如下""现通知如下"等过渡转入通知事项部分。

通知事项是正文的主体，主要包括工作原则、意见、措施和注意问题等，交代要具体，在结构安排上，既可以采用分条列项式写法，用序号标明层次；也可以采用小标题式写法，分别进行阐述；内容极少的，还可以采用篇段合一式写法，一段写完。

执行要求是根据实际情况提出要求、规定通知生效日期等，如"以上通知，请认真贯彻执行"等。

（二）批转性、转发性通知

批转性通知与转发性通知正文写法大体相同。内容主要有以下三个方面：说明批转的目的或陈述转发的理由；对收文单位提出贯彻执行的具体要求；根据具体情况作出补充性规定。

转发性通知一般先用一个自然段写明被转发公文的发文机关、公文名称和执行要求，有的还要另加一段来说明发通知的原因、意义、目的和具体注意事项等；批转性通知一般先交代发文机关的名称和态度、被批转公文的发文机关名称和公文标题，然后提出执行要求，惯用的写法是"×××（发文机关名称）《××××》（来文标题），现发给你们，请认真贯彻执行"。

例文1

国家文物局办公室关于转发《关于举办 2018 年全国文物修复职业
技能竞赛的通知》的通知

办人函〔2018〕857 号

各省、自治区、直辖市文物局（文化厅），新疆生产建设兵团文物局：

为推进文物保护利用和传承发展，加强文物修复领军人才、科技人才、技能人才队伍建设，弘扬大国工匠精神，传承文物修复技艺，由国家文物局支持，中国文物保护技术协会、中国文物学会和山东省文物局主办的"2018 年全国文物修复职业技能竞赛"将于 2018 年 10 月 27 日至 29 日在山东省曲阜市举办。竞赛设古建筑清水砖墙修复组、古建筑木构件修复组、瓷器文物修复组和书画文物修复组四个参赛组别，每项比赛每省推荐 1 人参赛。

现将中国文物保护技术协会、中国文物学会、山东省文物局《关于举办 2018 年全国文物修复职业技能竞赛的通知》(以下简称《通知》)转发你局。请你局高度重视，积极组织相关单位和专业人员，按照《通知》要求报名参赛。具体要求及报名方式等详见《通知》。

联 系 人：国家文物局人事司专家与培训处 程××

联系电话：010-×××××××

特此通知。

国家文物局办公室
2018 年 8 月 24 日

附件：中国文物保护技术协会、中国文物学会、山东省文物局《关于举办 2018 年全国文物修复职业技能竞赛的通知》

简评：这是一篇转发性通知。文书正文第一段阐述了转发的理由，第二段写明被转发公文的发文机关、公文名称和执行要求等。

例文 2

北京市门头沟区人民政府批转区经管站关于门头沟区农村产权交易管理办法（试行）的通知

门政发〔2013〕111 号

各镇人民政府，区政府各委、办、局，各区属机构：

现将《门头沟区农村产权交易管理办法（试行）》批转给你们，请认真依照执行。

北京市门头沟区人民政府

2013 年 12 月 3 日

附件：《经管站关于门头沟区农村产权交易管理办法（试行）》

（本文有删减）

简评：这是一篇批转性通知，采用独段式写法。

（三）颁发文件的通知

一般先注明颁发通知的缘由、注明所颁发文件的全名，然后提出贯彻执行意见。

例文 3

国务院关于印发国家职业教育改革实施方案的通知

国发〔2019〕4 号

各省、自治区、直辖市人民政府，国务院各部委、各直属机构：

现将《国家职业教育改革实施方案》印发给你们，请认真贯彻执行。

国务院

2019 年 1 月 24 日

附件：《国家职业教育改革实施方案》

（此件公开发布）

（四）会议通知

资源库教学资料：《如何写作会议通知》

正文一般包括通知缘由、通知事项、结语三部分。

通知缘由概括交代召开会议的原因、目的、议题。

通知事项包括：召开会议的时间、地点（报到时间、地点）以及会议的名称；会议的中心议题和主要程序；对与会人员身份的要求；差旅费报销办法；乘车路线；与会人员会前准备事项与注意事项；联系单位、联络人与联系电话；其他需要事先说明的事项；等等。大型会议应附有会议日程和与会证件等。

会议通知的内容应做到准确、齐全、具体、无错漏。

例文 4

体育总局办公厅关于召开全国体育局长会议的通知

为深入学习贯彻习近平新时代中国特色社会主义思想和党的十九大精神，以及习近平总书记关于体育工作重要论述精神，推动体育事业改革发展，开创体育强国建设新局面。根据总局年度工作安排，经国务院批准，定于2018年12月下旬在北京召开全国体育局长会议。有关事项通知如下：

一、会议时间

2018年12月27日（星期四）至28日（星期五），会期2天。

12月26日（星期三）报到，29日（星期六）离会。

二、会议地点

体育总局机关办公楼102会议室。

三、会议主要内容

体育总局局长、党组书记苟仲文作工作报告；大会交流发言；分组讨论；年度表彰；大会总结。

四、参会人员（约250人）

（一）体育总局负责同志。

（二）各省、自治区、直辖市、新疆生产建设兵团体育局局长及办公室负责同志；各计划单列市体育局局长；中央军委训练管理部军事体育训练中心主要负责同志及1名随员；各行业体协主要负责同志；体育总局机关各厅、司、局，各直属单位主要负责同志；驻体育总局纪检监察组副组长；中国足球协会、中国篮球协会负责同志；各改革试点项目协会主要负责同志；体育总局与地方共建体育院校主要负责同志。

中央人民政府驻港联络办宣传文体部、驻澳联络办宣传文化部负责同志及1名随员；中组部（公务员局）、中宣部、全国总工会、团中央、全国妇联、全国人大社会建设委、全国人大法工委、发展改革委、教育部、司法部、财政部、审计署、国研室、全国政协教科文卫体委有关司局负责同志；社会力量办体育试点城市温州市体育局局长等列席会议。

五、食宿安排及费用

京外参会人员在天坛饭店食、宿；京内参会人员在天坛饭店就餐，原则上不安排住宿。

食宿费用由会议负担，交通费用自理。

六、会议报名

请参会人员填写"全国体育局长会议报名表"，于2018年12月17日（星期一）17时前通过传真（加盖印章）及电子邮件报名。报名表电子表格可从体育总局政府网站—办公厅—通知公告栏目中下载。（http://www.sport.gov.cn）

七、会议报到

请京外会议代表于2018年12月26日（星期三）到××饭店一层大厅报到。

地址：北京市东城区体育馆路1号。

电话：（010）67190×××

请京内会议代表于2018年12月26日（星期三）08:30至11:30到体育总局机关办公楼一层大厅报到。

地址：北京市东城区体育馆路2号。

八、其他

12月26日（星期三）下午，召开2020年东京奥运会备战参赛动员会（通知另发）。

全国体育局长会议期间将同期召开中国奥委会全会、全国体育系统外事工作会议、中华全国体育总会常委会，通知另发。

请接到上述相关会议通知人员参加相关会议，未接到通知人员不参加。

联系人：张×× 王××

电 话：（010）87182××× 87182×××

```
传  真：(010) 67131×××
电子邮箱：×××@sport.gov.cn
附  件：全国体育局长会议报名表

                                        体育总局办公厅
                                        2018 年 12 月 12 号
```

资源库拓展资料：《会议通知为什么要附加会议回执》

（五）告知类通知

正文一般包括通知缘由和通知事项两部分。有的写结语，有的不写。有结语的，主要是提要求，或者用"特此通知"之类的习惯性用语作结。

（六）任免通知

正文包括任免根据和任免名单两部分，任免根据一般要写明做出任免决定的机关或会议名称和时间，任免名单中如有多人，则分段或分条列出。

例文 5

```
          北京市人民政府关于××、×××同志职务任免的通知
                        京政发〔201×〕2 号
各区人民政府，市政府各委、办、局，各市属机构：
    经 201× 年 × 月 × 日北京市第 × 届人民代表大会常务委员会第四十三次会议决定：
    任命 ×× 为北京市规划和国土资源管理委员会主任。
    免去 ×× 的北京市规划和国土资源管理委员会主任职务。

                                        北京市人民政府
                                        201× 年 × 月 × 日
```

六、通知的写作要求

（一）主题要集中

一份通知一般要求说明一件事，布置一项工作。

（二）重点要突出

通知的事项要交代清楚，措施要具体，使受文者能够正确理解、准确执行。

（三）讲究时效

通知的写作、传递要及时、快捷、高效，不可贻误时机、影响公务执行和办理。

任务演练

（一）请根据"任务布置"中的信息起草一份通知

（二）请判断以下事项是否可以用通知行文

（1）某省人大常委会颁布了一项地方法规。

（2）某市政府批转市卫生局《关于做好冬季流感病毒防治工作的工作意见》。

（3）某市卫生局对本市冬季流感病毒防治不力的相关单位情况进行公布。

自我评价

项目	评估内容	自我评价
认知层面	你了解什么是通知了吗？	
	通知有哪些种类？	
	通知包括哪几部分？	
能力层面	你能撰写内容较为简单的通知吗？	
	你能否发现不规范的通知中的问题？	
	你最擅长撰写的是哪一类通知？	
发展层面	有什么心得体会？	

资源库拓展资料：《九段秘书的故事》

九段秘书的故事

总经理要求秘书安排次日上午九点召开一个会议。在这件事中，什么是任务？什么是结果？通知到所有参会的人员，然后秘书进行会议服务，这是"任务"。但我们想要的结果是什么呢？下面是一段至九段秘书的不同做法。

一段秘书的做法：发通知。用电子邮件或在黑板上发会议通知，然后准备相关会议用品，并参加会议。

二段秘书的做法：抓落实。发通知后，再打一遍电话与参会的人确认，确保每个人被及时通知到。

三段秘书的做法：重检查。发通知，落实到人后，第二天在会前30分钟提醒与会者参会，确定有没有变动，对临时有急事不能参加会议的人，立即汇报给总经理，保证总经理在会前知悉缺席情况，也给总经理确定缺席的人是否必须参加会议留下时间。

四段秘书的做法：勤准备。发通知，落实到人，会前通知后，去测试可能用到的投影、电脑等工具是否工作正常，并在会议室门上贴上小条：此会议室明天几点到几点有会议。

五段秘书的做法：细准备。发通知，落实到人，会前通知，也测试了设备，还了解了这个会议的性质和总裁的议题，然后给与会者发过去与这个议题相关的资料，供他们参考。

六段秘书的做法：做记录。发通知，落实到人，会前通知，测试了设备，也提供了相关会议资料，还在会议过程中做好详细会议记录（在得到允许的情况下，做个录音备份）。

七段秘书的做法：发记录。会后整理好会议记录（录音）并交给总经理。然后请示总经理是否发给参会人员，或者其他人员。

八段秘书的做法：定责任。将会议上确定的各项任务，一对一地落实到相关责任人，然后经当事人确认后，形成书面备忘录。交给总经理与当事人一人一份。并定期跟踪各项任务的完成情况，及时汇报给总经理。

九段秘书的做法：做流程。把上述过程做成标准的会议流程，让任何一个秘书都可以根据这个流程，把会议服务的结果做到九段，形成不依赖任何人的会议服务体系。

从以上九个不同段位的秘书的工作方法中我们可以看出，由于对结果的追求程度不同，秘书的工作内容也发生了很大的变化。

任务三 请示的写作

任务描述

请示是下级机关向上级机关请求对某项工作、问题作出指示，对某项政策界限给予明确，对某事予以审核批准时使用的一种请求性的公文。

本任务要求了解请示的适用范围和特征，掌握请示的结构和写作要求，能够根据实际情况撰写正确的请示。

任务布置

中午,多个部门的人员向领导抱怨:"请给配打印机!我们排着大长队等打印,太耽误工夫啦……"领导觉得事态严重,找来秘书张娜:"小张,赶紧写个东西报上去,目前情况太影响工作了。""好的,您放心,我立即办!"

张娜应选用什么文种呢?

相关知识

资源库教学资料:《请示的那些事儿》

一、请示的适用范围和特征

(一)适用范围

请示主要适用于以下几个方面:

(1)对上级的方针政策需要上级指示或解释的;

(2)须办理但本单位职权范围内解决不了的;

(3)工作中发生重大问题本单位无法解决或无原规定的;

(4)因本单位情况特殊难以执行统一规定,需要变通处理,意见无法统一,有待上级裁决的;

(5)上级明确规定需要审核批准的;

(6)对某项工作提出建议需要上级答复的。

概括而言,即分为请求指示的请示、请求批准的请示、请求帮助的请示、请求批转的请示。

(二)请示的特征

(1)行文主体的组织性。公文中的请示行文主体是组织,不能以个人名义写请示。

(2)行文内容的单一性。一篇请示只能涉及一件请求事项或一个问题,即"一文一事""一事一请示"。

(3)行文关系的直接性。请示的行文不能超越法定的隶属关系,而且一般是逐级行文,即下级机关只能按照隶属关系向直接的上级机关发文请示,不得向无隶属关系的机关发文请示,因为只有具有隶属关系的上级主管机关才有批复的资格和权力。同时,请示只能主送一个机关,不得多头请示,否则就可能造成责任不清、互相依赖或推诿，从而影响工作效率和相互关系。

（4）行文目的的期复性。请示的行文目的是请求上级批准，解决某个具体问题，要求作出明确答复。上级机关收到下级机关的请示后，无论同意与否，都有责任和义务尽快予以办理和答复，避免贻误下级机关的工作。有请必复是上级机关处理请示和报告两种文件的重要区别。

（5）行文时间的超前性。请示行文具有超前性，必须在事前行文，等上级机关作出答复之后才能付诸实施。

二、请示的结构

资源库教学资料：《请示的制作》

请示一般由标题、主送单位、正文、落款组成。

（一）标题

请示的标题写法通常有三种形式。

（1）由发文单位、事由、文种三部分构成，如《××省人民政府关于增拨防汛抢险用油的请示》。写标题时要注意，不能将"请示"写成"报告"或"请示报告"。

（2）由事由和文种构成，如《关于购买复印机的请示》。

（3）只写文种。即只用"请示"作标题。

（二）主送单位

主送单位是指请示的受文对象。在标题下面顶格写。其名称要写全称或规范化的简称。主送单位只能写一个，即直接上级机关，受双重领导的机关在报送请示时，可以同时抄送给另一领导机关。

（三）正文

正文一般由请示缘由、请示事项、结语三部分构成。

（1）请示缘由。请示的缘由是请示的主体将提交请示的原因陈述清楚，以求得上级的理解和认同。不要重复出现"申请""请求"之类的词语。

（2）请示事项。请示的事项即要求上级解决的问题，是请示公文中最关键的部分，包括具体办法、措施、主张、看法等。请示事项要符合法规，符合实际，具有可行性和可操作性。因此，请示事项要具体、明确。

（3）结语。请示的结语有"以上请示，请批复""妥否，请批复"等。结语是请示必不可少的内容，不能遗漏。因为请示这一文种有请求性，所以文辞要谦和有礼，大方得体，切不可用"速答复"等命令口吻。

（四）落款

在正文的右下方写明发文机关名称，如标题中已有发文机关名称，落款处可以省略，但须加盖单位公章。在发文机关下方，标明成文日期。

例文

北京市水务局
关于报审《北京市2018年汛后防洪排涝
重点水务工程建设实施方案》的请示

市政府：

　　按照市领导指示精神，市水务局、市防汛抗旱指挥部办公室会同市有关部门、相关区，针对2018年汛期"7·16"强降雨造成的河道水毁、城市积水和乡村道路损毁等问题，经技术部门勘察设计、专家把关、各部门充分沟通，并书面征求市发展改革委、市财政局同意，形成了《北京市2018年汛后防洪排涝重点水务工程建设实施方案》。现呈上，请审定。如无不妥，建议以北京市防汛抗旱指挥部名义印发，由相关主责单位组织尽快实施。

　　妥否，请批示。

　　附件：1.北京市2018年汛后防洪排涝重点水务工程建设实施方案
　　　　　2.征求意见情况汇总表
　　　　　3.市发展改革委、市财政局反馈意见

北京市水务局
2018年10月31日

（联系人：王×；联系电话：×××）

简评：这是一份请求批准的请示，文种用精练的文字说明了"为什么请示"，即请示的缘由，接着明确"请示什么"，即批准《北京市2018年汛后防洪排涝重点水务工程建设实施方案》。全文语言精练、理由充分，请求事项明确。

三、请示的写作要求

（1）一文一事。每份请示只能提出请求批复一个事项、解决一个问题。这点与报告不同，报告可以一文多事。如果在一份请示中写了几个事项，上级机关在审核时可能会因为有些事项尚需研究而不能立即批复，从而延误本可以立即批复的事项。

（2）一个主送机关。制发请示要坚持谁主管就请示谁的原则，只确定一个主送机关，如果有其他需要了解其内容的上级机关，就应以抄送形式送阅。

（3）一般不能越级。按照公文行文规则，在一般情况下不要越级请示，除非有特殊情况。没有正当理由随意越级行文，不但浪费人力财力，而且容易误事，影响办公效率。如确属特殊情况需要越级行文，应抄报越过的机关。

（4）不要同时上报下发。请示的问题是待定的，必须等上级正式批复后才能办理或执行。有的单位认为某项请求属例行公事，上级肯定会批准，故而在上报的同时下发各有关单位，这是不符合公文处理的规定的，还会造成不必要的麻烦。

四、请示与报告的异同

请示与报告在上行文中是很接近的文种，既有共同点，也有不同点。

（1）共同点。在内容方面，都是反映情况、陈述意见；在格式方面，一般都只主送一个上级机关。

（2）不同点。首先，行文目的不同。报告的目的只是让上级机关了解掌握情况，或者提出意见、建议，一般无须上级机关批准，具有呈报性。请示的目的是请求批准有关事项，给予工作指示或答复问题等，需要上级机关做出明确答复，具有呈请性。

其次，行文内容不同。报告可以是一文一事，做专题报告，也可以一文数事，做综合报告。请示必须一文一事。在请示中可以反映情况、说明原因、陈述意见，要求上级机关立即给予答复，在报告中不能含有请示的事项，不需要上级行文回复。

最后，行文时限不同。报告是为了让上级机关了解和掌握情况，它所涉及的工作或事项可能尚未进行，或正在进行，或正在办理，也可能已经完成。因此，报告可以在事前、事中、事后撰写。

任务演练

一、这是秘书张娜起草的请示，你看有什么问题？

关于购买打印机的请示报告

　　由于我部门业务繁忙，大家干劲十足，需要打印很多东西，但是只有一台打印机，每次打印都得排队，非常麻烦，所以，希望领导能多配几台打印机。有了打印机，大家一定会认真工作，不辜负领导期望。

张　娜

2016 年 5 月 4 日

二、请回答以下问题

（1）撰写请示的注意事项有哪些？

（2）请示和报告的相同点和不同点是什么？

自我评价

项目	评估内容	自我评价
认知层面	了解什么是请示了吗？	
	请示有哪些种类？	
	请示包括哪几部分？	
能力层面	你能撰写内容较为简单的请示吗？	
	你能否发现不规范的请示中的问题？	
	你最擅长撰写的是哪一类请示？	
发展层面	如何让请示得到满意的批复？	

资源库拓展资料：《请示与请求批准函的区别》

任务四　批复的写作

任务描述

批复是上级机关针对下级机关来文中请求批示、批准的事项，给予明确答复的公文。它与请示对应。

本任务要求了解批复的适用范围和特征，掌握批复的结构和写作要求，能够书写批复。

任务布置

张娜向领导汇报："主任，上次咱们向局里提请配备打印机的请示批下来了，同意咱们购买，但是要求走招投标手续。""那很好，你拿着批复找下采购部的王主任按要求招标购买。""好的。"看来，有了批复各办公室很快就可以配上新的打印机了。那么如何才能写好批复呢？

关于同意×××购买打印机的批复

×××：

　　你部《关于配置打印机的请示》收悉，经研究认为所报情况属实，可以购买。请按照《资产采购办法》进行采买。

×××局行政部

××年××月××日

相关知识

资源库教学资料：《批复的制作》

一、批复的适用范围

根据《条例》规定，批复适用于答复下级机关请示事项。

二、批复的特征

（1）权威性。批复发自上级机关，代表着上级机关的权力和意志，对请示事项的单位有约束力，特别是那些关于重要事项或问题的批复，常常具有明显的法规作用。下级机关必须遵照执行。

（2）针对性。首先，上级的批复只针对下级的请示而制发，行文方向具有针对性；其次，下级请示什么问题，上级就回答什么问题，批复的内容也具有针对性。批复的主送单位只能是请示的单位。涉及的单位可以抄送但要有所限制。

（3）指示性。批复的目的是指导下级机关的工作，因此批复在表明态度以后，还应当概括地说明方针、政策以及执行中的注意事项。

（4）时限性。批复的事项往往是下级机关急需处理，但在其职权范围、承受能力内难以办理的事项。因此，上级接到下级的请示之后，应该尽快研究解决，无论同意与否，都需要及时答复，以便下级抓紧实施或另作安排。只有这样，才能切实提高办事效率。

（5）被动性。批复是用来答复下级请求事项的，下级有请示，上级才批复。所以批复是公文中的被动性文种。

（6）集中性和明确性。由于下级的请示是一事一报，请示内容十分集中，因此批复也是一文一批，答复的内容也非常集中。批复的态度和观点必须十分明确。对于请求指示的请示，批复要给予明确指示；对于请求批准的请示，批复或者同意、批准，或者不同意、不批准。有时，由于情况复杂，原则上同意，但对某些环节提出不同的意见和要求是允许的，不违背态度明确的原则。但如果观点不明确，态度含混，令下级机关无所适从，就不符合要求了。

三、批复的结构

批复一般由标题、主送单位、正文、落款组成。

（一）标题

批复标题的写法通常有三种形式。

（1）由发文单位、事由、文种三部分构成，如《××省教育厅关于同意××大学××××年自主招生的批复》。

（2）由事由和文种构成，如《关于同意××大学××年自主招生的批复》。

不能省去制发机关和发文事由，只写"批复"二字。与一般公文常规模式不同的是批复往往在标题的主要内容中明确表示对请示事件的意见和态度。如果不批准所请求事项，标题中可以不出现态度和意见，到正文中再表态。如果是答复请求指示的请示，也无须在标题中表态。

（二）主送单位

主送单位是指批复的受文对象。在标题下面顶格写。其名称要写全称或规范化的简称。主送单位只能写一个，就是发出请示的下级机关。

（三）正文

正文是批复的主体和核心部分，一般由批复依据、批复事项、执行要求、结语四部分构成。

（1）批复依据。批复依据主要涉及两个方面：一是对方的请示；二是与请求事项有关的方针政策和上级规定。具体写法：一是引述来文的标题字号。如"你校《关于××××年自主招生的请示》（××字〔××××〕×号）收悉，现批复如下"。二是引用请求事项有关的方针政策和上级规定。可表述为："根据××××的规定，现做如下答复。"

（2）批复事项。对来文请求事项表明态度，包括完全同意、基本同意、完全不同意。

完全同意的批复可以不写同意的理由，只明确表态同意。基本同意（不完全同意）的要先说明同意部分，再讲清不同意部分及其原因。完全不同意的批复一定要讲明不同意的理由和根据。上级单位要在周密思考和研究后清楚、肯定、有针对性地答复下级请示，不能使用有歧义的语言，也可在发文之前，先给下级单位讲明理由和依据。

（3）执行要求。提出要求这一项也是大多数批复的基本内容，如无须提出要求，可不写。

（4）结语。这部分有三种写法：第一种是写"特此批复""此复"；第二种是写希望和要求，给执行请求事项的答复指明方向；第三种是请示事项答复完毕就结束。结尾语言要简短，语气要坚决，态度要鲜明。

（四）落款

在正文之后的右下方写明发文机关名称，如标题中已有发文机关名称，落款处也可以省略，但须加盖单位公章。在发文机关下方，标明成文日期。

例文1

北京市文物局
关于清学部遗存修缮工程方案的批复

京文物许可〔2019〕142号

北京市西城区教育委员会基建管理中心：

你中心《清学部遗存——北京市西城区教育史馆修缮方案核准请示》（基建管〔2019〕32号）及附件收悉。经我局委托北京市文物保护事务中心评审，原则同意修改方案。现批复如下：

一、两栋文物建筑抽换、墩接木柱的数量接近总木柱数量的50%，墩接数量较多，位置也较高，对于建筑物抵抗水平作用力有一定减弱，修缮中应有相应的抗剪力加强措施。

二、施工图设计中应补充完善抽换木柱的工艺说明。

三、删除工程做法说明中与本工程无关的修缮工艺及措施。

四、设计人员在施工阶段要全程跟踪，对于未能全部暴露的隐蔽部位进一步探查，根据勘察结果及时调整修缮设计方案。施工过程中发生的重大变更应及时向我局申报。

五、请严格按照批准的方案组织实施，如遇方案变更，须按规定履行相应的批准手续。

六、开工前请按规定办理质量监督、开工等相关手续。

七、工程施工中应加强管理，确保工程质量及文物、人员安全。

八、请你中心于本工程竣工之日起30日内，将竣工报告和工程竣工备案等材料函致我局。

你中心对本批复如有异议，可向本机关监察部门(64001627)投诉；或者于接到本批复之日起60日内向北京市人民政府法制办公室或国家文物局申请行政复议；或者于接到本批复之日起6个月内向有管辖权的人民法院提起行政诉讼。

特此批复。

附件：清学部遗存——北京市西城区教育史馆修缮工程方案评审意见表（北京市文物保护事务中心）

北京市文物局

　　　　　　　　　　　　　　　　　　　2019年4月22日
（联系人：×××；联系电话：010-××××××××）
公开形式：主动公开
抄送：西城区文化委员会

　　　　　　　　　　　　　　　　　北京市文物局办公室
　　　　　　　　　　　　　　　　　2019年4月22日印发
　　　　　　　　　　　　　　　　　办件编号：00319041502083

简评：这是一份批复，文中用精练的文字说明了批复的依据，即《清学部遗存——北京市西城区教育史馆修缮方案核准请示》和北京市文物保护事务中心评审结果，接着明确"批复什么"，即批准八项修改内容。

例文2

国务院关于中国国民经济核算体系(2016)的批复

国函〔2017〕91号

国家统计局：

　　你局《关于报请印发〈中国国民经济核算体系(2016)〉的请示》（国统字〔2017〕5号）收悉。现批复如下：

　　一、原则同意《中国国民经济核算体系(2016)》（以下简称《核算体系》），由国家统计局印发实施。

　　二、《核算体系》实施要全面贯彻党的十八大和十八届三中、四中、五中、六中全会精神，深入贯彻习近平总书记系列重要讲话精神和治国理政新理念新思想新战略，认真落实党中央、国务院决策部署，统筹推进"五位一体"总体布局和协调推进"四个全面"战略布局，牢固树立和贯彻落实创新、协调、绿色、开放、共享的发展理念，立足我国经济社会发展实际，充分吸收借鉴国际经验，遵循统计工作客观规律，深化统计管理体制改革，充分发挥国民经济核算体系在推进国家治理体系和治理能力现代化中的重要作用，着力增强统计工作科学性权威性和统计数据真实性准确性，更好地服务宏观调控和经济社会发展……

　　　　　　　　　　　　　　　　　　　　　　　　　国务院
　　　　　　　　　　　　　　　　　　　　　　　　　2017年7月3日

简评：这篇批复正文包括两个部分：一是表明态度，对相关请示予以同意；二是提出工作要求，没有使用结语。

四、批复的写作要求

（1）针对性要强。由于批复都是针对下级机关的请示而言，因此，批复所使用的语言必然与请示的内容紧紧相扣，直接回答下级请示的事项，而不能答非所复、答非所求。

（2）态度要明确。批复是对下级机关来文表明态度，同意或者不同意必须态度明确，措辞恰当，语气必须肯定，用词必须准确。

（3）文字要简练。批复的文字应简短，将领导决定的意见表达清楚即可，不必作具体的分析和详尽的阐述。语义要清楚明白，以防使人产生歧义。

任务演练

一、请分析以下批复的公文格式。

关于对外地进京人员享受老年保障待遇问题请示的批复

京人社居复〔2013〕642号

海淀区人力资源和社会保障局：

你局《关于外地进京人员享受老年保障待遇问题的请示》（海人社报〔2013〕90号）收悉，经研究，现批复如下：

一、外埠户籍迁入本市时，已在原户籍地享受新型农村社会养老保险、城镇居民养老保险或城乡居民养老保险等待遇的人员，保险关系不再转移，应在原户籍地继续享受相关待遇。

二、外埠户籍迁入本市的人员，在原户籍地未参加新型农村社会养老保险、城镇居民养老保险或城乡居民养老保险的，按照《关于实施〈北京市城乡无社会保障老年居民养老保障办法〉有关问题的通知》（京劳社养发〔2008〕229号）第二条的规定，不享受城乡无社会保障老年居民养老保障待遇。

二〇一三年八月十六日

二、请判断以下说法是否正确。

（1）上级机关可以主动向下级机关发送批复。（　　）

（2）针对一份请示只能有一份批复。（　　）

（3）批复就是同意下级机关的请示。（　　）

（4）在批复中要对批复理由详细阐述，以增强说服力。（　　）

（5）批复和请示是具有对应关系的一对文种。（　　）

自我评价：

项目	评估内容	自我评价
认知层面	你了解什么是批复了吗？	
	批复有哪些种类？	
	批复包括哪几部分？	
能力层面	你能撰写内容较为简单的批复吗？	
	你能否发现不规范的批复中的问题？	
发展层面	批复对工作会产生什么影响？有什么意义？	

任务五　函的写作

任务描述

函主要用于不相隶属机关之间商洽工作、询问和答复问题，向有关主管部门请求批准和答复审批事项，是平行公文。

本任务要求了解函的适用范围和特征，掌握函的结构和写作要求，能够书写格式正确、内容恰当的函。

任务布置

北京市某学院准备派两名教师到某人民法院进行调研，领导让秘书起草一份文件，秘书张娜认为高级人民法院一定要比学校级别高，上次就因为没搞清楚级别出错了，想了想，提笔写了一份"请示"，领导看后非常不满意，请帮张娜找出错误。

请　示

××人民法院：

我院为了加强教师的实践能力，拟派两名教师到你处进行调研，望批准为盼。

北京××学院

2016年3月10日

> **相关知识**

资源库教学资料：《函的自白》

《函的制作》

一、函的适用范围

根据《条例》规定，函适用于不相隶属机关之间商洽工作、询问和答复问题、请求批准和答复审批等事项。

二、函的特征

（1）沟通性。函对于平行机关或不相隶属机关之间相互商洽工作、询问和答复问题，起着沟通作用，充分显示了平行文的功能，这是其他公文不具备的特点。要体现双方平等沟通的关系，即使是向有关部门请求批准，由于双方不是隶属关系，也不能使用请示和批复，只能用函。

（2）灵活性。函是平行公文，但除此之外，还可以向上行文或向下行文，没有其他文种那样严格的行文关系的限制，行文关系和格式非常灵活。

（3）单一性。函的主体内容应该具有单一性，一份函只宜写一件事。函不需要在原则、意义上进行过多的阐述，务实不务虚。

（4）行文的多种语气。由于发文方向不一，函的功能各异，因此没有统一的语气。商洽工作时用商量的语气；当请求对方答复问题时用询问的语气；答复对方问题时用肯定或者否定的语气；需要主管部门批准时，要用请求的语气。

（5）广泛性。函对发文机关的资格要求很宽松。党政机关、基层单位、社会团体、企事业单位均可发函。

三、函的种类

（一）根据性质可分为公函和便函

公函是正式公文，要用正式的公文用纸，机关或机关主要领导人署名后，就具有权力作用。便函多用于一般事务性工作，格式较为随便，不标文件名称，不编发文字号，不入档案，类似普通信件。

（二）根据发文目的可分为去函和复函

（三）从内容上划分为商洽函、告知函、问答函、请批函、邀请函、请示答复事宜函、催办事宜函等

其中，请批函和请示要进行区分，区别如下：

（1）请批函是平行文，请示是上行文；

（2）请批函行文对象是相关主管部门，请示行文对象是有隶属关系的上级机关；

（3）请批函旨在请求批准某项事宜，请示旨在向上级机关请求批准、请求指示；

（4）请批函所涉事项按照规定需经有关主管部门批准认可，主管部门依据规定的权限和具体情况，回复同意与否，就算处理完毕。请示中的请求批准，除某些重大事项规定必须请求上级机关批准，多数是本单位工作中无法克服的困难或无力解决的问题，必须请求上级机关给予帮助并予以批准，上级机关即使不批准，也常常为下级机关提供某些克服困难、解决问题的办法。

四、函的结构与写作要求

函一般由标题、主送单位、正文、落款构成。

（一）标题

函的标题写法通常有三种形式。

（1）由发文单位、事由、文种三部分构成，如《国务院办公厅关于羊毛产销和质量等问题的函》《国务院办公厅关于同意建立自然灾害防治工作部际联席会议制度的函》《国务院办公厅关于修复贵州省生态环境问题的复函》。

（2）由事由和文种构成，如《关于请求批准北京市节约能源中心编制的函》。

不能省去制发机关和发文事由，只写"函"（文种）字。

（二）主送单位

主送单位是指函的受文对象。在标题下面顶格写，其名称要写全称或规范化的简称。多数函主送单位只有一个，有时涉及部门多，也可排列多个主送单位。

（三）正文

正文是函的主体和核心部分，一般由发函缘由、事项、结语三部分构成。

（1）发函的正文。发函是向对方单位商洽、询问或告知事情。开头说明发函的原因、目的；主体要写清楚所询问、商洽或告知的事宜，并简要说明理由，一事一函；结语向对方提出希望或请求，一般用"特此函商""请即复函""请予协助""为盼""为荷"等。

（2）复函的正文。开头引述来函事项，说明复函缘由；主体则对来函事宜予以明确答复；结语一般用"特此函复""此复"等。

（四）落款

在正文的右下方写明发文机关名称，如标题中已有发文机关名称，落款处也可以省略，但须加盖单位公章。在发文机关下方，标明成文日期。

例文

教育部关于同意设立东北林业大学
奥林学院的函

教外函〔2019〕30号

黑龙江省人民政府：

你省《关于商请批准成立东北林业大学奥林学院的函》（黑政函〔2018〕31号）收悉。根据《中华人民共和国中外合作办学条例》及其实施办法，经专家评议并审核研究，现就有关事项函复如下：

一、同意设立东北林业大学奥林学院，学院隶属于东北林业大学，为不具有法人资格的中外合作办学机构，其英文译名为Aulin College, Northeast Forestry University。

……

八、请你省加强管理，指导东北林业大学进一步凝练学科专业特色，创新人才培养模式，提升办学质量和水平，服务学科建设和高等教育改革发展。

专此函复。

附件：中外合作办学机构信息表（1977N）

教育部
2019年4月15日

简评：这是一份复函，发函缘由有三个：一是"《关于商请批准成立东北林业大学奥林学院的函》（黑政函〔2018〕31号）收悉"；二是"根据《中华人民共和国中外合作办学条例》及其实施办法"；三是"经专家评议并审核研究"。正文是同意设立东北林业大学奥林学院及其他相关事项。结语是"专此函复"。

五、函的写作要求

（1）内容要专一，一函一事。

（2）以陈述为主，行文简约。

（3）以平等、礼貌、商洽的口吻陈述。

任务演练

一、请找出秘书张娜书写的函的错误之处，并进行修改

请　示

××人民法院：

　　我院为了加强教师的实践能力，拟派两名教师到你处进行调研，望批准为盼。

北京××学院

2016年3月10日

二、请判断以下说法是否正确

（1）函是平行机关或不相隶属机关之间使用的一种平行公文。（　）

（2）请求批准函就是请示。（　）

（3）函都要有发文字号。（　）

（4）函不可以使用命令的语气。（　）

自我评价

项目	评估内容	自我评价
认知层面	你了解什么是函了吗？	
认知层面	函有哪些种类？	
认知层面	函包括哪几部分？	
能力层面	你能撰写内容较为简单的发函和复函吗？	
能力层面	你能否发现不规范的函中的问题？	
发展层面	函的使用范围广、格式灵活，你能根据不同情况正确应用吗？	

资源库拓展资料：《如何书写并发放会议邀请函》

任务六　报告的写作

任务描述

报告是向上级机关或业务主管部门汇报工作、反映情况、答复上级机关询问的公文。它是下情上达，沟通和反馈信息的主要方式，是维护上下级之间工作关系的重要手段。

本任务要求了解报告的适用范围、特征和种类，区分请示和报告的不同，掌握报告的结构和写作要求，能够书写较为简单的报告。

任务布置

张娜陪同领导到北京市高级人民法院进行调研，回来后，领导让张娜把调研情况梳理总结一下，写一份调研报告。这份报告应该如何写呢？

相关知识

资源库教学资料：《报告的制作》

一、报告的适用范围

根据《条例》规定，报告适用于向上级机关或业务主管部门汇报工作、反映情况，回复上级机关的询问，是下级机关向上级机关行文，为上级机关进行宏观指导提供依据，一般不需要受文机关的批复，属于单向行文。

二、报告的特征

（1）内容汇报性。报告是下级机关向上级机关或业务主管部门汇报工作，让上级机关掌握基本情况并及时对工作进行指导的一种载体。因此，报告具有汇报性。

（2）语言陈述性。因为报告具有汇报性，即向上级讲述做了什么工作，或工作是怎样做的，有什么情况、经验、体会，存在什么问题，今后有什么打算，有什么意见、建议等，所以一般采用陈述方式。

（3）成文的事后性。多数报告都是在事情做完或发生后，向上级机关做出汇报，属于事后或事中行文。

（4）客观性。写报告时要以实事求是的态度向上级机关或业务主管部门反映真实情况，不能任意夸大或缩小，更不能弄虚作假。对于涉及的时间、地点、人物、事件、情况、数据等，都要经过仔细核实，确保准确无误。

（5）双向沟通性。报告虽不需要批复，却是下级机关取得上级机关的支持和指导的桥梁；同时，上级机关也能通过报告获得信息，是上级机关进行决策指导和协调工作的依据。

三、报告的种类

（1）按时间分为日报、周报、旬报、月报、年报。

（2）按内容分为综合报告和专题报告。

综合报告是向上级机关或业务主管部门汇报本单位某一时期、某一阶段的全面情况的报告，如《政府工作报告》；专题报告是向上级汇报关于某项工作或工作某一方面情况的专项报告，如《关于加强新港建设的报告》。专题报告要求迅速及时，一事一报，无论报上级机关阅知、参考，还是请上级机关批转给有关单位参照执行，都可以用。

（3）按目的分为工作汇报性报告、答复询问性报告、情况反映性报告、意见建议性报告、递送材料性报告等。

四、报告的结构

报告一般由标题、主送单位、正文、落款构成。

（一）标题

报告的标题写法通常有三种形式。

（1）由发文单位、事由、文种三部分构成，如《×××人民政府关于我省清理公司工作的报告》。

（2）由事由和文种构成，如《关于我省清理公司工作的报告》。这种标题省略发文机关的报告，在落款处必须注明发文机关名称。

（二）主送单位

主送单位是指报告的受文对象，就是直接的上级机关。在标题下面顶格写在正文前第一行，其名称要写全称或规范化的简称。只能写一个主送机关。

（三）正文

正文是报告的主体和核心部分，一般由缘由、事项、结语三部分构成。

1. 缘由

这部分概括说明报告的目的、意义或根据，然后用"现将×××情况汇报如下"之类的常用语转入下文。

2. 事项

这是报告的主体和核心部分，主要阐述基本情况，总结成功经验，找出存在的问题，提出解决办法、改进措施和今后的工作设想等。

（1）情况反映性报告，重在汇报本机关出现的新情况、新问题，写清情况综述、基本看法和处理意见等几方面内容。

（2）工作汇报性报告，侧重于写明做了哪些工作，进度如何，采取了哪些措施和方法，收到了怎样的效果，以及对下一步工作的设想。

（3）递送材料性报告，正文极为简单，把报送物件、材料的名称、数量说明就行。

（4）答复询问性报告，要侧重于写明调查、处理的结果，或表明态度和意见。

（5）意见建议性报告，要针对存在的问题或一定范围内需要处理的问题，或提出具体的安排、处理意见，或建议做好哪些方面的工作。

3. 结语

也称结尾，有的用一个小自然段，总结正文或补充主体内容未尽之意。大多数情况下，报告的结尾用习惯性结语，如"特此报告""以上报告，如有不当，请指示""以上报告，如无不当，请批转有关单位执行"等。

（四）落款

在正文的右下方写明发文机关名称，如标题中已有发文机关名称，落款处也可以省略，但须加盖单位公章。在发文机关下方，标明成文日期。

五、报告的写作要求

（一）要善于总结

报告中的内容一定要有规律性，用正确的立场、观点、方法对事物进行分析，从而进行规律性总结。

（二）语言要精练

用语要精雕细琢，简朴务实，避免冗长杂乱。

（三）要调查研究

写作人员必须深入实际，认真进行调查研究，弄清事物发生、发展和变化的全过程，提取重点。

（四）真实具体，重点突出

写报告要如实反映情况，对材料进行分析归纳，去伪存真。同时善于从新的角度、新的立足点取舍材料，提炼主题。

（五）报告中不能夹带请示事项

六、请示与报告之间的区别

在进行公文处理时，经常能够看到请示与报告不分的现象，其实请示与报告是两种性质完全不同的文种。

（一）请示与报告不分的几种表现形式

（1）把请示当作报告。如《×××关于申请购买×××的报告》，指本机关根据工作需要，提出购买×××的要求，请求上级机关予以批准，批准后方可执行的事情。这类应属于请示，而在实践中有时使用了报告，这是不正确的。

（2）把报告当作请示。有些报告是下级呈送给上级并要求批转的报告，这类报告应属于呈转性报告，却极易被当作请示。如《××关于××的报告》末尾处应写"以上报告，如无不妥，请批转××执行"，这属于典型的呈转性报告，但是往往被当作请示。

（3）请示与报告混合型。有些公文既请示工作又报告情况，或者既报告情况又请示事项，这些都不符合文种的使用规范。如《××关于××的请示报告》，这类文件既汇报工作，又提出请示，这种混合的形式极易使上级机关理不出头绪，处理了一件事情而耽误了另外几件事情。

（二）请示与报告的区别

（1）内容要求不同。请示的内容要求一文一事；报告的内容既可一文一事，也可一文数事。

（2）行文目的不同。请示属于请示性公文，侧重于提出问题和请求指示、批准，目的是请求上级机关批准某项工作或解决某个问题；报告属于陈述性公文，侧重于汇报工作，陈述意见或建议，目的是让上级机关了解下情，掌握情况，便于及时指导。

（3）行文时间不同。请示必须事前行文；报告可以在事后或事情发展过程中行文。

（4）篇幅不同。请示一般都比较简短；报告的内容涉及面较为广泛，篇幅一般较长。

（5）结束用语不同。请示的结尾一般用"妥否，请批示"或"特此请示，请予批准"等形式，请示的结束用语必须明确需要上级机关回复的迫切要求；报告的结尾多用"特此报告"等形式，一般不写需要上级予以答复的词语。

（6）处理结果不同。请示属于"办件"，指上级机关应对请示类公文及时予以批复；报告属于"阅件"，对报告类公文上级机关一般以批转形式予以答复，但也没必要件件予以答复。

例文

北京市人民政府关于 2018 年法治政府建设情况的报告

京政文〔2019〕20 号

国务院：

2018 年，我市以习近平新时代中国特色社会主义思想为指导，深入贯彻党的十九大和十九届二中、三中全会精神，坚决落实中共中央、国务院《法治政府建设实施纲要(2015—2020 年)》，以建设法治中国首善之区为目标，扎实推进依法行政，法治政府建设取得积极成效，有力促进首都经济社会持续健康发展。现将有关情况报告如下。

一、2018 年法治政府建设基本情况

（一）切实加强组织领导……

……

（九）加强依法行政能力建设

二、2019 年法治政府建设工作安排

2019 年，我市将按照党中央、国务院部署，围绕中心工作，深入推进依法行政，加快建设法治政府，为建设国际一流的和谐宜居之都提供坚强法治保障。重点做好以下工作：

一是统筹推进法治政府建设。……

二是深入推进政府职能转变。……

……

特此报告。

北京市人民政府

2019 年 5 月 28 日

简评：这是一份工作报告。正文先写明报告的缘由，然后从 2018 年法治政府建设的基本情况和 2019 年的工作安排两个方面进行撰写。

任务演练

请分析以下报告的类型及文章结构。

政府工作报告

——2019 年 3 月 5 日在第十三届全国人民代表大会第二次会议上

国务院总理 李克强

各位代表：

现在，我代表国务院，向大会报告政府工作，请予审议，并请全国政协委员提出意见。

一、2018 年工作回顾

过去一年是全面贯彻党的十九大精神开局之年，是本届政府依法履职第一年。我国发展面临多年少有的国内外复杂严峻形势，经济出现新的下行压力。在以习近平同志为核心的党中央坚强领导下，全国各族人民以习近平新时代中国特色社会主义思想为指导，砥砺奋进，攻坚克难，完成全年经济社会发展主要目标任务，决胜全面建成小康社会又取得新的重大进展。

……

二、2019 年经济社会发展总体要求和政策取向

……

三、2019 年政府工作任务

今年经济社会发展任务重、挑战多、要求高。我们要突出重点、把握关键，扎实做好各项工作。

……

各位代表！

奋斗创造历史，实干成就未来。我们要更加紧密地团结在以习近平同志为核心的党中央周围，高举中国特色社会主义伟大旗帜，以习近平新时代中国特色社会主义思想为指导，迎难而上，开拓进取，以经济社会发展的优异成绩迎接中华人民共和国成立 70 周年，为决胜全面建成小康社会、夺取新时代中国特色社会主义伟大

胜利，为把我国建设成为富强民主文明和谐美丽的社会主义现代化强国、实现中华民族伟大复兴的中国梦不懈奋斗！

简评：这是一份政府工作报告，是一份综合性报告。报告事项是从2018年工作回顾、2019年经济社会发展总体要求和政策取向、2019年政府工作任务几个方面进行。既有宏观指导，也有具体任务要求。最后使用了富有激情的结语，起到凝聚人心，激发工作热情和信心的作用。

自我评价：

项目	评估内容	自我评价
认知层面	你了解什么是报告了吗？	
	报告有哪些种类？	
	报告包括哪几部分？	
能力层面	你能撰写内容较为简单的报告吗？	
发展层面	你写得最多的是哪种报告？怎样写好报告？	

资源库拓展资料：

1.《可行性研究报告的制作》

2.《市场调查报告的制作》

3.《实习报告的制作》

任务七　通告的写作

任务描述

适用于在一定范围内公布应当遵守或者周知的事项。通告的使用面比较广泛，一般机关、企事业单位甚至临时性机构都可使用，但强制性的通告必须依法发布，其限定范围不能超过发文机关的权限。

本任务要求了解通告的适用范围、特征和种类，明确通告和公告的不同，掌握通告的结构和写作要求，能够书写通告。

任务布置

请查找管理部门发布的通告。

相关知识

资源库教学资料：《通告的制作》

一、通告的适用范围

根据《条例》规定，通告适用于在一定范围内公布应当遵守或者周知的事项。

二、通告的特征

（1）发布方式公开。通告所涉及的内容都是在一定的地域范围内需要公众知晓的，不涉及保密内容，所以常用报纸、电视、广播等传播媒体公开发布，有时也用张贴的形式发布。

（2）使用范围广泛。通知不仅可以在一定范围内公布重大事项，还可以用来公布社会生活中的一些具体事务。通告的使用范围很广泛，各级政府乃至基层单位都可以在自己的职权范围内使用。

（3）内容有强制性。通告中所列出的规定，要求带有法规性质，各单位和个人都必须遵照执行，如有违反，将受到严肃查处。

三、通告的种类

（一）知照性通告

告知应知或需要遵守事项的通告。如《关于东城区部分道路采取交通管理措施的通告》。

（二）办理性通告

公布有关单位或人员需要办理事项的通告。如《北京市税务局关于小规模纳税单位年审的通告》。

（三）禁止性通告

公布一些禁止事项的通告。如《×××局关于禁止旅客携带易燃易爆危险品进站乘船的通告》。

四、通告的结构

通告一般由标题、正文、落款构成。

1. 标题

通告的标题写法通常有四种形式。

(1) 由发文单位、事由、文种三部分构成,如《韶关市城乡规划局关于发布〈韶关市城乡规划局规划公示办法〉的通告》。

(2) 由事由和文种构成,如《关于朝阳区亮马河南侧道路东段采取交通管理措施的通告》《××同志任前公示通告》。这种标题省略发文机关的通告,在落款处必须注明发文机关名称。

(3) 由发文单位、文种两部分构成,如《中华人民共和国公安部通告》。

(4) 只写文种"通告"二字。

要根据内容不同确认标题的形式,事项特别重要的通告,标题三要素必须齐备。

2. 正文

正文是通告的主体和核心部分,一般由通告依据、通告事项、结语三部分组成。

(1) 通告依据。这部分简要说明发布通告的依据、原因、目的等,然后用"特作如下通告"或"现通告如下"等惯用语过渡到下文。

(2) 通告事项。这是通告的主体和核心部分。即要求一定范围内的单位和个人遵守或周知、办理的事项。

(3) 结语。一般是简要提出执行要求或希望,说明有关规定的生效期限和对违反规定行为的处罚办法;事项的办理期限、办理地点、联系人与联系电话等。有的通告将这些内容列入条款,以"此告""特此通告"等结语结束全文,有的甚至不用结语。

3. 落款

要写明发文机关名称、发文日期、加盖公章。如果标题中已写明发文机关名称,落款处也可将其省略。

资源库教学资料:通告例文

例文

关于东城区部分道路采取交通管理措施的通告

2019年第31号

为保证东城区部分道路的交通安全与畅通，根据《中华人民共和国道路交通安全法》的有关规定，决定自2019年5月10日起，采取以下交通管理措施：

一、赵堂子胡同禁止机动车由东向西方向行驶。

二、后赵家楼胡同禁止机动车由东向西方向行驶。

三、大羊宜宾胡同禁止机动车由西向东方向行驶。

四、小羊宜宾胡同禁止机动车由西向东方向行驶。

五、北极阁三条（北极阁胡同至北极阁东巷之间路段）禁止机动车由东向西方向行驶。

六、北极阁三条南北向道路（新开路胡同至北极阁三条东西向道路之间路段）将现状南向北单行交通管理措施调整为北向南单向行驶，禁止机动车由南向北方向行驶。

七、北极阁胡同禁止机动车由北向南方向行驶。

八、北极阁东巷（北极阁三条至北极阁头条之间路段）禁止机动车由南向北方向行驶。

特此通告。

北京市公安局公安交通管理局
2019年4月25日

简评：这是一份知照性通告，告知公众一定时间段内相关地区采取交通管理措施的内容。

五、通告的写作要求

（1）符合相关法规、政策，反映的问题带有普遍性，需要有关方面及个人周知或遵守。

（2）内容要中心突出，一事一告，语言简洁扼要。公布的事项要实事求是，安排要具体周密。

（3）语言简练庄重，尽量少用专业术语，以求通俗易懂。

六、公告与通告之间的区别

公告与通告之间有相似之处，它们都属于公开性文件，在有效的范围内了解其内容的人越多越好，在写法上要求篇幅简短，语言通俗易懂、质朴庄重。但它们之间也有不同之处。

首先，公告用于"向国内外宣布重要事项或者法定事项"，兼有消息性和知照性的特点；通告的内容是"在一定范围内应当遵守或周知的事项"，具有鲜明的执行性、知照性。

其次，公告通常适用于党和国家高级领导机关宣布某些重大事项，新华社、司法机关以及其他一些政府部门也可以根据授权使用公告。通告则适用于各级行政机关和企事业单位。

资源库教学资料：《通告与公告的区别》

任务演练

请根据以下资料撰写一份关于临时采取交通管理措施的通告

2019中国北京世界园艺博览会（以下简称"世园会"）定于2019年4月29日至2019年10月7日在北京市延庆区妫水河沿岸举行。为保证世园会期间道路交通安全畅通，根据《中华人民共和国道路交通安全法》《北京市实施〈中华人民共和国道路交通安全法〉办法》的有关规定，于4月13日、4月20日、4月28日至10月7日，对延庆区世园会周边道路分时、分段采取临时交通管理措施。具体措施如下：

一、4月13日、4月20日、4月28日至10月7日，延康路（湖南路至百康路）、阜康南路（延康路至百泉街）、百泉街（阜康南路至延康路）、百康路（付小路至延康路），除持有"世园会"专用车证的车辆、公交电汽车、大型载客汽车外，禁止其他车辆通行；上述道路禁止车辆停放。

二、世园会期间，请游客尽量乘坐公共交通工具前往。游客可由北京德胜门乘坐919路公交专线车直接前往或者由黄土店乘坐S2线换乘公交专线车前往世园会。公交专线车的开通时间和线路，由交通部门另行发布。

三、世园会期间，通行延康路、阜康南路、百泉街、百康路的过往车辆，可分别由下列道路绕行：

（1）延庆城区前往康庄、张山营地区的车辆，可由妫水南街、妫川路、兴阳线、延康路、康张路或汇川街、湖南西路、西顺城街、延下路、康张路绕行。

（2）延庆康庄、张山营地区前往城区的车辆，可由延康路、兴阳线、妫川路、妫水南街或康张路、延下路、西顺城街绕行。

自我评价

项目	评估内容	自我评价
认知层面	你了解什么是通告了吗？	
	通告有哪些种类？	
	通告包括哪几部分？	
能力层面	你能撰写内容较为简单的通告吗？	
发展层面	观察一下你身边有哪些通告，都是什么内容？	

资源库拓展资料：《几分钟了解公告、通报和通告》

任务八 纪要的写作

任务描述

纪要是党政机关、社会团体、企事业单位用来记载和传达会议基本情况、主要精神和议定事项的一种会议公文。

本任务要求了解纪要的适用范围、特征和种类，掌握纪要的结构和写作要点，能够制作纪要。

任务布置

局长办公会定期召开，张娜作为办公室秘书，负责会议记录。会后，张娜将会议记录拿给领导过目，领导让张娜书写一份会议纪要，然后交给他签发。张娜很奇怪："我的会议记录非常清楚啊，什么人说了什么一目了然，为什么还要费时做纪要呢？纪要是什么呢？"

相关知识

资源库教学视频：《整理撰写会议纪要》

资源库教学课件：《如何撰写会议纪要》

一、纪要的适用范围

根据《条例》规定，纪要适用于记载会议主要情况和议定事项。纪即纪实，要即要点。纪要是根据会议的主导思想和会议记录，对会议的重要内容、决定事项进行整理综合、概括而形成的一种具有纪实性、指导性的公文。纪要适用于一些大、中型的重要会议。

二、纪要的特征

（1）提要性。纪要围绕会议的中心议题，以简练的文字概括会议内容和结论，要围绕会议主旨及主要成果来整理、提炼和概括。重点放在介绍会议成果而不是叙述会议的过程上，切忌记流水账。

（2）实录性。纪要是在对会议讨论的事项加以归纳、整理的基础上将其反映出来的公文文种。所以纪要要忠于会议情况，如实记录会议的内容，不能随意增减和更改内容，任何不真实的材料都不得写进纪要中。

（3）指导性。纪要不但能记录会议情况，还能起到通报会议精神的作用。纪要中所决定的事项、提出的要求、做出的安排，对有关单位和部门的实际工作具有指导作用，因此纪要一经下发，将对有关单位和人员产生约束力，起到类似于指示、决定或决议等指挥性公文的作用。各单位、部门应认真研究，结合实际情况加以贯彻执行。纪要同时可作为与会同志向单位领导汇报、向群众传达的文字依据。

（4）备考性。纪要在必要时可做查阅之用。

三、纪要的种类

根据按会议性质，纪要分为专题工作会议纪要、办公会议纪要和座谈会议纪要三类。

（一）专题工作会议纪要

专题工作会议纪要是为某一项或某一方面的工作而专门召开专题工作会议，记录专题工作会议精神的纪要，其主要特点是主题的集中性与观点意见的分歧性相结合，既要归纳比较集中、统一的认识，又要将各种不同观点和倾向性意见都归纳、表达出来。

（二）办公会议纪要

办公会议纪要一般有例行性办公会议纪要及现场办公会会议纪要。例行性办公会议纪要记述例行办公会议情况及其决议事项，现场办公会会议纪要是为了解决某些重大问题而召集有关方面在现场研究、决议或协商的办公会议纪要。

（三）座谈会议纪要

座谈会是组织者为解决某一问题而专门召开的以座谈为形式的会议，目的是了解情况、听取意见、收集建议，为解决问题创造条件。记录座谈会情况的纪要就是座谈会议纪要。

四、纪要的结构

纪要一般由标题、正文组成。格式不同于其他文种的公文，如没有主送单位、不需要落款等。

（一）标题

纪要的标题写法通常有四种形式。

（1）由发文单位、事由、文种三部分构成，如《××学院招生工作推进会会议纪要》。

（2）由会议名称和文种构成，如《市长办公会会议纪要》。

（3）双标题形式，如《探讨新时期艺术的发展——×××研究会2019年第一次会议纪要》。

（二）正文

正文是纪要的主体和核心部分，一般由前言、主体和结语三部分构成。

（1）前言。用叙述性文字介绍会议的基本情况。包括会议目的、会议时间、地点、名称、会议主持单位或主持人、参加单位及人员、领导同志参加情况、会议议题等。

（2）主体。这是纪要的核心部分。这部分介绍会议的主要事项和主要精神、会议讨论的主要问题、研究的主要工作、会议的报告、大会发言的要点、讨论的情况、形成的一致意见和做出的决议等。根据会议性质、规模、议题的不同，可以采取不同的写法。

一是集中概述法。将会议情况用概括叙述的方法进行阐述和说明。这种写法多用于小型会议，并且讨论的问题比较集中单一，意见比较统一，容易贯彻操作的情况。

二是分项叙述法。用于召开大、中型会议或议题比较多的会议，一般要采取分项叙述的办法。把会议的主要内容分为几个大的问题，然后加上标号或小标题，分项来写。

三是发言提要法。这种写法是把会议上具有典型性、代表性的发言加以整理，提炼出内容要点和精神实质，然后按照发言顺序或不同内容分别加以阐述说明。这种写法可以如实反映与会人员的意见。

纪要写作中常用的有"会议认为""会议指出""会议强调""会议决定""会议听取"等习惯用语。

（三）结语

纪要的结尾提出希望、号召，要求有关单位贯彻会议精神，努力完成会议上的各项任务。这部分有时可以不写，有时要写上上报与下发单位、印发机关和日期。日期可在正文之后，也可在标题之下。

纪要一般不用落款。

例文1

灵动速录6月例会及暑期招生研讨会会议纪要

会议名称：灵动速录6月例会及暑期招生研讨会

会议时间：××××年××月××日

会议地点：××会议室

主持人：总经理秘书

记录人：速录师

参会人：总经理、宣传部主管、培训部主任、财务部会计、市场部负责人、综合办负责人

主送：总经理秘书

呈送：总经理

报送：所有参会人

会议议题：灵动速录各部门汇报工作内容和成果，并提出下一阶段工作计划

会议内容：

一、各部门汇报工作

1. 宣传部

（1）计划对四所院校集中发放宣传单页，并进行现场咨询演示。预计发放单页2万份，每所院校举办一次宣传会，共举办4次，确定意向学员50名，并逐个进行课程销售。

（2）计划在既定的10个小区内粘贴广告，预计来电来访量达到100人次。

（3）计划在电视媒体及网络媒体上进行推广，微信公众平台关注度同比增加100人。

2. 培训部

（1）目前注册学员12名，暑期将配合进行学员招募；

（2）部分电脑配置太低，申请购置8台电脑。

3. 财务部

（1）发现个别部门支出较大，建议缩减支出，达到收支平衡；

（2）目前三大板块收入基本与上个月平行。

4. 市场部

（1）截止到今天，销售机器48台；

（2）暑期重点是法院，意向法院目前有三家。

5. 综合部

提醒各个部门要注意防暑，但也要注意衣着。

二、总经理作指示

1. 下次开会各部门要拿工作计划对比工作结果，作出量化分析，希望各部门的绩效都能达到200%。

2. 两项决定

（1）暑期每人发放500元的防暑降温费；

（2）6月25日之前每人发放工装一套。

由综合部具体安排实施。

3. 会议记录文件发到大家邮箱

简评：这篇会议纪要首先介绍了会议的基本情况，会议内容采用的是发言提要法，提炼了每个发言人员的发言要点。

例文 2

北京市高级人民法院 北京市司法局
关于伤残评定问题研讨会的会议纪要

《人体损伤致残程度分级》施行后，由于对相关文件的关系及文件部分内容理解不一，导致在伤残评定过程中出现若干分歧。为促进执法尺度统一，妥善处理相关案件，北京市高级人民法院、北京市司法局、北京司法鉴定业协会于2018年6月6日上午联合召开研讨会，专题研究了伤残等级和赔偿指数的评定、新旧标准的衔接适用等问题。全市三级法院法官代表、司法行政人员代表及鉴定人员代表等共二十余人出席会议。与会人员就部分问题的处理达成了一致意见，现纪要如下：

一、关于伤残等级和赔偿指数的评定

1.受伤人员符合一处伤残等级者，一级伤残（人体致残率100%）相当于伤残赔偿指数100%，二级伤残（人体致残率90%）相当于伤残赔偿指数90%，依次类推，十级伤残（人体致残率10%）相当于伤残赔偿指数10%。

2.受伤人员符合两处以上伤残等级者，需综合计算累计伤残赔偿指数，具体计算方法如下：累计伤残赔偿指数＝伤残等级最高处的伤残赔偿指数＋伤残赔偿附加指数。

伤残赔偿附加指数的确定：六～十级伤残，每增加一处，增加5%；二～五级伤残，直接增加10%。

伤残赔偿附加指数不得超过10%；累计伤残赔偿指数不得超过100%。

3.人民法院委托鉴定时，应当在委托函中写明鉴定事项包括评定受伤人员伤残等级和赔偿指数。受伤人员有一处伤残的，鉴定机构在鉴定报告中直接写明伤残等级和赔偿指数；受伤人员有多处伤残的，鉴定机构在鉴定报告中分别写明各处伤残的等级以及累计赔偿指数。

4.人民法院原则上应当依据鉴定机构评定的赔偿指数计算赔偿金额；确需调整赔偿指数的，应当在裁判文书中说明理由。

二、关于新旧标准的适用

1.侵权行为发生在2017年1月1日（不含）以前的，适用当时生效的伤残评定标准。

2.侵权行为发生在2017年1月1日（含）至2017年3月22日（含）之间的，道路交通事故人身损害赔偿类案件的伤残评定适用《道路交通事故受伤人员伤残评定》，其他人身损害赔偿类案件的伤残评定适用《人体损伤致残程度分级》。

3.侵权行为发生在2017年3月23日（含）之后的，全部人身损害赔偿类案件的伤残评定均适用《人体损伤致残程度分级》。

4.人民法院委托鉴定时，应当在委托函中写明案由及侵权行为发生时间；鉴定机构依据上述三条意见确定的标准进行鉴定，并在鉴定报告中写明所适用的标准。

5.对于本纪要印发前已经作出判决的案件，在二审或者再审程序中，不得以违背本纪要意见为由予以改判或者发回重审。

以上意见供全市审判、鉴定人员参照执行。若最高人民法院、司法部以及其他上级部门有不同规定的，以上级部门规定为准。

北京市高级人民法院办公室
2018年8月21日印发

简评：这篇会议纪要采用的是集中概述法，就伤残评定问题的讨论结果进行了概括性陈述。

资源库教学资料：会议纪要例文

五、纪要的写作要求

（1）要做好会议记录和收集简报的工作，尽量取得全面、系统的第一手材料。

（2）要整理、归纳经会议讨论并已明确的问题。

（3）务必纪实和简明。

（4）重点突出。纪要反映的内容只限于会议内容，重点放在经过会议讨论后得到的结论及必要的论述上。

（5）时间、地点、主持人（单位）、参加单位（代表）、议题、决议六要素必须齐备。

（6）会议纪要完稿后，须经主管部门负责人同意、签发并加盖公章。

任务演练

请书写一份班会会议纪要。

自我评价

项目	评估内容	自我评价
认知层面	你了解什么是纪要了吗？	
	纪要有哪些种类？	
	纪要包括哪几部分？	
能力层面	你能撰写内容较为简单的纪要吗？	
发展层面	纪要与其他公文有什么不同？	

资源库拓展资料：《会议记录和会议纪要的区别》

任务目标检测

一、单选题

1．党政机关公文发文字号写法正确的是（　　）。

A．×西略函〔2018〕第 1 号　　　B．×西略党发〔2018〕01 号

C．×西略发〔2018〕1 号　　　D．×西略字〔2018〕1 号

2．党政机关公文正文一般每页排 22 行，每行排（　　）个字。

A．24　　B．26　　C．28　　D．30

3．下列批复引语符合规范要求的是（　　）。

A．你服务区来文收悉

B．你服务区上月报来的请示收悉

C．你管理所×〔2018〕×号文《关于×××的请示》收悉

D．你管理所《关于×××的请示》（×〔2018〕×号）收悉

4．行政机关"不相隶属机关之间商洽工作，询问和答复问题"用（　　）。

A．报告　　B．通报　　C．函　　D．征询意见

5．党政公文审核时成文日期写法正确的是（　　）。

A．二○一八年一月六日　　　B．二零一八年一月六日

C．2018 年 1 月 6 日　　　D．2018 年 04 月 12 日

6．以下说法不正确的是（　　）。

A．公文的行文应当确有必要，注重效用

B．单位内设机构除办公室外不得对外正式行文

C．公文复印件作为正式公文使用时，可不加盖复印机关证明章

D. 经批准公开发布的公文,同发文机关正式印发的公文具有同等效力

7. 《党政机关公文处理工作条例》规定,党政机关公文共有多少种?( )

A. 12　B. 15　C. 16　D. 18

8. 一般公文的生效日期是( )。

A. 成文的具体日期　　　　　　B. 实际发文日期

C. 会议通过或领导签发的日期　　D. 收到公文日期

9. 某机关回答对方来函所提问题的函称为( )。

A. 商洽函　B. 复函　C. 询价函　D. 发函

二、判断题

1. 根据公文的阅读范围,可将涉密公文分为秘密、机密、绝密三类。( )

2. 部门内设机构都可以对外行文。( )

3. 下行文是向下级机关或同级机关递送的文件。( )

4. 一个机关同时有几件事需要请示上级机关时,不可以写在同一份请示中。( )

5. 公文要按隶属关系逐级行文,一般不能越级。( )

6. 报告中不能夹带请示事项。( )

7. 函不可以用命令的口吻。( )

8. 转发下级公文应用批转性通知。( )

9. 纪要必须加盖公章。( )

10. 公文中适用范围最广的是布告。( )

11. 引用公文,应当先引标题,然后引发文字号。( )

12. 公文标题不能使用标点符号。( )

13. 公文必须在标题之下正文之上写明主送机关。( )

14. 公文必须加盖发文机关印章。( )

15. 公文必须有主题词。( )

16. 主送机关是公文的主要受理机关,应当使用机关全称或者同类型机关统称,不能使用规范化简称。( )

17. 决定是党政机关、社会团体或企事业单位都可以使用的文种,是典型的下行文。( )

18. 纸质公文、电子公文都属于党政机关公文。( )

19. 涉密公文应当根据涉密程度分别标注"绝密""机密""秘密"和保密期

限。（   ）

20．决议与决定的主要区别是是否经过会议集体讨论并表决通过。（   ）

21．联合行文加盖5个印章的正确排序是第一排2个印章，第二排3个印章。（   ）

三、多项选择题

1．公文写作之前要（   ）。

A. 明确行文目的　　　B. 向领导请示写法

C. 确定使用文种　　　D. 收集相关材料

2．标注公文的主送机关，可使用（   ）。

A. 全称　　B. 简称　　C. 统称　　D. 规范化简称

3．公文语言要达到庄重须注意以下哪几点（   ）。

A. 公文是代表法定作者说话，这就要求其语言必须雅正不俗、郑重其事。

B. 用语必须直接晓之以理、告之以规，使读者明于行止。

C. 删繁就简，用最经济的文字，精当地表达尽可能多的实际内容。

D. 恰当地选用至今仍使用的文言词语。

4．下列哪些不属于法定党政机关公文？（   ）

A. 请示　　B. 指示　　C. 总结　　D. 条例

5．关于批复的说法正确的有（   ）。

A. 批复具有被动性和明确的针对性。

B. 批复标题必要时可标明"同意"或批准的态度。

C. 批复撰写前必须进行充分的调查研究。

D. 批复是用于答复下级机关请示事项的下行文。

6．下面说法正确的有（   ）。

A. 公文中具有修辞色彩的语句中作为词素的数字必须使用汉字。

B. 公文中使用非规范化简称，应当先用全称再注明简称。

C. 公文结构层次序数的第三层为"（1）"。

D. 公文中引用外文应当注明中文含义。

7．下列有关说法正确的是（   ）。

A. 各机关对自己无权决定或难以处理的问题均应制发请示公文。

B. 请示这类公文要求上级回复，故应与工作报告相区别。

C. 某机关几位领导对本机关事务性工作的安排意见不一致，此时应该制发请示。

D. 请示不能使用议论的表达方式。

8. 报告行文时主要采用哪两种表达方式？（　　）

A. 叙述　B. 说明　C. 议论　D. 描写

9. 用印章时应加以注意的事项有（　　）。

A. 印章应盖在成文日期上方，并注意上不压正文，下不压日期。

B. 印章必须端正、清晰，切勿歪斜或颠倒。

C. 以机关领导名义行文时，应在本人职务名称后空二字签署姓名或加盖个人名章，签名或名章右缘距版心右缘空四字，签名或名章中心距正文或附件说明末行空二行。

D. 印章端正、居中下压发文机关署名和成文日期，使发文机关署名和成文日期居印章中心偏下位置，印章顶端应当上距正文（或附件说明）一行之内。

四、填空题

1. 公文的发文字号一般包括 ＿＿＿、＿＿＿ 和该年度发文顺序号。
2. 按内容和发文目的分，函的种类主要有四种：＿＿＿、＿＿＿、请批函和答复函。
3. 联合行文的发文时间，以 ＿＿＿ 为准。
4. 请示一般只写一个主送机关，如需同时送其他机关，应当用 ＿＿＿＿＿＿。
5. 《党政机关公文处理工作条例》的颁布时间是 ＿＿＿＿＿＿。

五、书写公文标题

1. ××集团公司对××分公司干部职务任免事项制发公文。
2. ××集团公司××分公司×服务区管理人员叶××恪尽职守、智擒盗贼，保护了司乘的人身财产安全，××分公司发文表彰他的事迹。
3. ××管理所申请购买路政法规类图书的来文，××分公司计划财务科回文，批准对方的请求。
4. ××管理所，拟实行××隧道公路养护施工作业，需向高速交警大队行文，商洽道路保证畅通有关事项。

六、公文写作题

××月××日，×县连续几天降雨，黄河水位已临近警戒线，需立即召开全县防汛工作会，请制发一份会议通知。

学习情境三　常用事务文书的写作

任务一　了解常用事务文书

任务描述

事务文书是指国家机关、企事业单位、社会团体或个人为沟通信息、总结经验、探求问题、指导工作，处理日常事务而撰写的除法定公文以外的应用文书，又称"常规文书"或"业务文书"。事务公文缺乏法定公文的强制性，只有辅助性和指导性。

本任务要求了解常用事务文书的适用范围、特点，掌握事务文书的种类。

任务布置

张娜经过一段时间的工作，对请示、纪要、报告等公文写法比较熟悉，但是她发现有些文书使用得也很多，比如，经常要制作的计划、总结、会议记录等，而且这些文书将各个部门密切联系了起来。这不，主任又让她起草上半年的工作计划了。那么，这些常用的文书都有哪些呢？

相关知识

一、事务文书的适用范围

事务文书在机关内部或企事业机构内部范围内使用，不面向社会。

事务文书用途广泛，种类也比较多。事务文书在工作中具有基础意义和不可替代的作用。虽然没有法定公文的权威性，但是在指导工作、解决问题、推动工作等方面都有极其重要的作用。

二、事务文书的种类

（一）计划类
包括计划、规划、方案等。

（二）报告类
包括总结、调查报告、述职报告等。

（三）规章类
如规则、制度、章程、条理、守则等。

（四）信息类
如演讲词、简报、启事、声明等。

（五）会议类
如开幕词、闭幕词、会议记录等。

三、事务文书的特点

（1）不同于法定公文。事务文书是广义的公务文书，是法定公文之外的其他公务文书，所以在法律的严肃性、约束力、强制性及严格性上略差于法定公文。

（2）使用范围广泛。事务文书可供政府机关、企事业单位、社会团体、商业部门等使用，作为日常工作的手段和方式。

（3）灵活性。相对于法定公文，事务文书体式灵活，表达方式多样，易发挥写作水平，具有创造性。

（4）丰富性。单位日常工作的方方面面都与事务文书息息相关，所以事务文书种类多样，内容丰富。

四、事务文书的作用

事务文书是单位基础工作的一个方面。事务文书是处理日常事务，进行日常联系、沟通的重要工具，没有它，工作就难以进行，对单位工作效率有着直接影响。

（一）传达政策，指导工作

事务文书为机构决策提供了基础信息。可将国家有关政策或上级主管部门的工作要求加以具体化，进行上传下达，指导一个单位或者部门的工作程序和步骤，能够根据有关规定和精神落实具体工作。

（二）加强联系和沟通

由于事务文书的行文手续和写作格式相对灵活简便，因此，机关、企事业单位或社会团体的大量日常性工作都需要用事务文书来承载，通过计划、总结等事务文书来实现各部门的交流。

（三）查考依据

因为事务文书有很强的资料价值，其写作内容具体、范围广泛、使用频率高，所以成为实用档案，为以后本单位、本部门的工作打下了基础。

（四）宣传教育

事务文书中常用的调查报告、讲话稿等往往作为阐明工作思路和指导的原则，使大家认清工作形势、端正态度、增强责任感，明确工作目标和具体步骤。这是事务文书宣传教育作用的体现。

任务演练

（1）结合你所了解的党政机关公文，谈谈事务文书的特点有哪些？

（2）收集你熟悉的事务文书，谈谈事务文书的主要作用有哪些？

自我评价

项目	评估内容	自我评价
认知层面	你了解什么是事务文书了吗？	
	事务文书有哪些种类？	
能力层面	你能说出哪些情况下用法定公文，哪些情况下用事务文书吗？	
发展层面	事务文书与单位工作之间有什么关系？	

任务二　计划的写作

任务描述

计划是指某一部门、单位或个人为了更好地完成任务，事先拟定具体打算和方案的应用文书。人们常说的规划、设想、打算、安排等都是计划。比较繁杂、全面的为"方案"，比较简明、概括的为"要点"，比较深入、细致的为"计划"，比较粗略、初具雏形的为"设想",这些都属于计划文种的范畴。

本任务要求了解计划的适用范围、特点、制订过程,掌握计划的结构和写作要求,能够书写计划。

任务布置

张娜每年年底的一项重要工作就是书写第二年的年度计划,并根据年度计划编写半年工作计划。然后将计划下发给各个部门进行执行。张娜最后拟订的工作计划就是全局第二年的整体工作规划,非常重要,所以张娜会收集大量的资料并进行调研,反复修改后才能定稿。张娜具体是怎么做的呢?

相关知识

资源库教学资料:《工作计划的制作》

一、计划的适用范围

计划适用于党政机关、企事业单位或个人,适用范围非常广泛。

计划具有指导作用,即它是工作学习的方向、行动的指南,指导人们在一定时期内"做什么""怎么做""何时完成";预见作用,即人们通过制定计划可以对未来发展做出科学的预见,对各种情况做出正确的估计和分析,并提出相应的对策和措施,领导者可以根据计划对"人、财、物"进行科学调配;约束作用,即计划虽不属于正式公文,但是要经过会议通过或领导批准,所以就具有正式公文的效能,成为人们具体工作的准则;检查作用,可以根据计划随时掌握工作进度,检查指标完成情况,从而保证工作、生活、学习的稳步发展。同时,计划也是考核一个单位或个人工作业绩的标准。

二、计划的特点

(1)规划性。计划是对未来将要完成工作的预测,所以在制订计划时,必须充分估计未来工作中可能发生的问题,提出科学、切实可行的方案,并就实际情况相应地对计划进行调整。

(2)实践性。计划是今后工作、学习的指南,必须有切实可行的方法,保证目标的实现。

(3)约束力。计划一旦制订下来就需要遵照执行,因为计划在制订过程中考虑的要素众多，如果某个环节出现纰漏就会影响整个计划的进程和结果。

三、计划的种类

计划的种类很多，可以从不同角度进行分类。

（一）按内容划分

有生产计划、工作计划、教学计划、招生计划、学习计划、财务计划、试验计划、施工计划等。

（二）按性质划分

有综合性计划和专门性计划等。

（三）按范围划分

有国家计划、地区计划、单位计划、部门计划、个人计划等。

（四）按时间划分

有长期计划、短期计划。长期计划一般指三年以上的计划；短期计划通常指年度计划、季度计划、月计划、周计划等。

四、计划的制订过程

虽然计划的类型和表现形式多种多样，但科学地编制工作计划遵循的步骤有一定的普遍性，可遵循以下步骤：环境分析、设定目标、拟订备选方案、评选解决方案、拟订备用计划、将工作计划书面化、工作计划的跟进这些步骤适用于各类工作计划的制订。

（一）环境分析

环境分析是在工作计划制订前就着手进行的，是计划工作的真正起点。在制订计划时，作为企业管理者必须对所处的环境有一个清醒的认识，这样计划的制订才更具针对性。进行环境分析主要从两个方面入手：外部环境分析和内部环境分析。

（二）设定目标

目标是工作或学习所要达到的结果。因此，应该注重工作目标的制定。具体来说，设定目标应该注意以下三个问题：其一，确定目标的内容及顺序；其二，目标要有明确的指标；其三，选择适当的目标时间。

（三）拟订备选方案

在制订工作计划时，完成某一项任务总是有很多方法，其中，有些方法是潜藏着的，只有发掘出各种方案，才有可能从中抉择出最佳方案。

（四）评选解决方案

一般来说，可供选择的方案很多，而且有关的变量和限定条件也很多，所以要从可行性、经济性等各个角度评估从而选出最佳方案。

（五）将工作计划书面化

如果仅仅通过口头传达而不提供工作计划的书面材料供大家遵从，那么这样在传播和执行的过程中就很容易走样，或者朝令夕改，使人无所适从。个人计划如果不书面化就很难产生对人行为的指导性。所以将计划加以书面化是非常重要的。这样可以避免疑虑和争论，有利于目标的检查、工作的考核和计划的调整。

（六）工作计划的跟进

"好的工作计划是成功的一半"，但周密的计划并不代表一定能够成功，失败的原因往往是忽视了对工作计划的跟进。计划不只是纸上的文字，只有一次又一次的取得回馈并跟进，才能有效地实施工作计划。

五、计划的结构

计划没有固定的写作格式，常见的计划有条文式计划、表格式计划、条文和表格兼用式计划等。不管哪种形式，都包括工作内容、工作方法、工作进度、工作时限四个要素。

（一）条文式计划

条文式计划一般包括标题、正文和落款三个部分。

1. 标题

计划的标题有四个要素：计划单位的名称、计划时限、计划内容、计划名称。一般有以下三种写法：

（1）四种成分完整的标题，如《××公司2019年销售工作要点》。其中"××公司"是计划单位；"2019年"是计划时限；"销售工作"是计划内容；"要点"是计划名称。

（2）省略计划时限的标题，如《广东省××公司销售部销售工作计划》。

（3）公文式标题，如《××省关于2019年农村工作的部署》。

计划单位名称，要用规范的称呼；计划时限要具体写明，一般时限不明显的，可以省略。所订计划还需要讨论定稿或经上级批准，就应该在标题的后面或下方用括号加注"草案""初稿"或"讨论稿"字样。如果是个人工作计划，则不必在标题中写上名字，而须在正文右下方的日期之上具名。

2. 正文

大体上应包含以下三方面的事项：

(1) 目标。计划就是为了完成一定任务而制订的。目标是计划产生的导因，也是计划奋斗的方向。因此，计划应根据需要与可能，规定在一定时间内所完成的任务和应达到的要求。任务和要求应该具体明确，有的还要定出数量、质量和时间要求。

(2) 措施。要明确何时实现目标和完成任务，就必须制订出相应的措施和办法，这是完成计划的保证。措施和方法主要指达到既定目标需要采取什么手段，动员哪些力量，创造什么条件，排除哪些困难，等等。总之，要根据客观条件，统筹安排，将"怎么做"写得明确具体，切实可行。

根据上级的指示精神和市场的现实情况，确定工作方针、工作任务、工作要求，再据此确定工作的具体办法和措施，确定工作具体步骤。环环紧扣，付诸实践。

根据工作中可能出现的偏差、缺点、障碍、困难，采取相应的办法和措施，以免发生问题时，工作陷于被动。

根据工作任务的需要，组织并分配力量、资源，明确分工。计划草案制订后，应交相关人员讨论，在实践中进一步修订、补充和完善。

(3) 步骤。这是指执行计划的工作程序和时间安排。每项任务，在完成过程中都有阶段性，而每个阶段又有许多环节，它们之间常常是互相交错的。因此，制订计划必须总揽全局，妥善、合理安排。

而在实施过程中，又有轻重缓急之分，哪是重点，哪是一般，也应该明确。在时间安排上，既要有总的时限，又要有每个阶段的时间要求，以及人力、物力的安排。

只有这样，才能使有关单位和人员知道在一定的时间内和一定的条件下，把工作做到什么程度，以便争取主动，有条不紊地进行。

执行希望，需在正文的最后写出，为计划的结尾部分。但是，这部分内容要根据实际情况来决定。

3. 落款

在正文结束的右下方，注明制订计划的日期（如标题没有写作者名称，这里应一并注明）。此外，如果计划有表格或其他附件的，或需要抄报、抄送某些单位的，应分别写明。

例文

2019 年北京市交通综合治理行动计划

为全面提升本市交通综合治理能力，营造良好出行环境，特制订本行动计划。

一、总体思路

以习近平新时代中国特色社会主义思想为指导，全面贯彻落实党的十九大和十九届二中、三中全会精神，深入贯彻落实习近平总书记对北京重要讲话精神，坚持“以人为本、公交优先”的工作理念，按照“优化供给、调控需求、强化治理”的工作思路，不断深化“市区联动、部门协同、社会参与、综合治理、共担共治”的工作格局，通过采取做强轨道交通网、做优地面公交网、做精慢行系统网、做密道路设施网、做实智慧交通网等措施，全面提升交通综合治理能力，实现中心城区绿色出行比例提高到 74%，路网交通指数控制在 5.6 左右，切实增强人民群众获得感、幸福感和安全感。

二、重点工作任务

……

三、工作要求

……

资源库教学资料：《工作计划四要素》

（二）表格式计划

六 月份工作计划表

部门：办公室

月度	级别	序号	工作项目	计划完成时间	项目摘要	实施进度	完成时间	完成情况	备注
上月遗留	重点工作	1	杭州市科技研发中心申报工作	2011.5.20	科技项目		2011.5.20	已经完成	准备专家辩论会
		2	杭州市城乡统筹示范项目	2011.5.20	科技项目		2011.5.20	已经完成	准备论证会
		3	欧盟认证	2011.6.20	出口贸易	正在进行			
		4	标准化体系认证	2011.6.20	名牌产品的申报	正在进行			
	例行	1	工资考核制度制订与实施	2011.5.31	对岗位、工资、绩效实施考核	正在修订暂行办法			
		2	安全定置考核制度的制订与执行	2011.5.31	对生产现场实施考核		2011.5.28	已经完成	从5月30日起执行

图 3–1　表格工作计划图示

（三）条文和表格兼用式计划

曾副总经理国外商务旅行计划

1. 出差时间：2012年9月27日—2012年10月2日

启程日期：2012年9月27日

返程日期：2012年10月2日

接站安排：因为武汉无直通伦敦的航班，所以安排曾副总经理到上海再换乘去伦敦的航班，在上海，由上海分公司秘书部李秘书负责接站，在伦敦由伦敦分公司的张海经理负责接站。

2. 出差路线：武汉—上海—伦敦

住宿安排：到达上海后，因为是当日下午的飞机，所以无须安排住宿，到达伦敦后，安排入住皇家大酒店，由张海经理提前预订。

3. 会务计划：

日期	时间	地点	人员
2012年9月28日 2012年9月29日	两天时间	某医疗集团英国伦敦总部	曾副总经理及该集团相应人员
2012年9月30日	9:00—12:00 14:30—17:00	视察伦敦分公司	曾副总经理及该分公司管理人员
2012年10月1日	9:00—12:00	风景古迹	曾副总经理及导游人员
	18:30	伦敦机场	曾副总经理及送站人员
2012年10月2日	8:45	武汉	曾副总经理及接站人员

4. 交通工具的选择：

所选交通工具	地点	航班	类型
飞机	武汉—上海	海南航空 KKT2263	经济舱
公司派车	上海		
飞机	上海—伦敦	国际航空 INT3745	经济舱
公司派车	伦敦		

5. 伦敦天气状况：2012年9月27日—2012年9月30日多云有雾28摄氏度 2012年10月1日—2012年10月2日晴28摄氏度。

6. 携带文件：（1）美国某医疗公司总部的详细资料及简介，各项内容。

（2）与该集团合作的合同书、协议书。

（3）带好关于伦敦的指南。

7. 差旅费用。到伦敦出差，所以应兑换一些外币，还应准备一些零钞在飞机上使用，并提前办好旅行支票，费用可到财务处领取，具体各项财务支出见旅行计划表。

8. 办理出国手续：根据法律规定，按一定手续完成出国申请。

（1）办理出国申请；（2）办理护照；（3）办理签证；（4）办理健康证书；（5）办理出境登记卡。

9. 特别要求：

因为曾副总经理从未出过国，所以于心秘书要帮助曾副总经理提前办理出国申请、办理护照、办理签证、办理健康证书、办理出境登记卡等，并提醒其出国旅行注意事项、英国文化和礼仪习俗、与中国的时差等，还要查阅总经理级别人员的出差规定和程序以及享受的待遇，同时要提醒伦敦分公司的张海经理提前到机场接机，以免造成不必要的麻烦。

注：例文及图片来自网络。

六、计划写作的要求

（1）工作计划不是写出来的，而是做出来的。
（2）计划的内容远比形式重要。要拒绝华丽的辞藻，欢迎实实在在的内容。
（3）工作计划要求简明扼要、具体明确，遣词造句必须准确，不能含糊。

任务演练

请制订一份近期的学习计划。

自我评价

项目	评估内容	自我评价
认知层面	你了解什么是计划了吗？	
	计划有哪些种类？	
能力层面	你能说出哪些情况下用法定公文，哪些情况下用计划吗？	
发展层面	计划与单位工作之间有什么关系？	

资源库拓展资料：《工作计划与工作日志管理》

任务三　总结的写作

任务描述

总结是单位或个人对前一阶段的实践活动进行回顾、检查、分析和研究，找出经验教训和规律性的认识，以指导今后实践的一种事务文书。日常使用的小结、体会等都属于总结。

本任务要求了解总结的适用范围、特点、种类，掌握总结的结构和写作要求，能够书写总结。

任务布置

因为年底要进行工作总结，所以张娜非常繁忙，要把一年的工作进行一次全面系统的总检查、总评价、总分析、总研究，并分析出不足，从而得出引以为戒的经验，对这一年的工作进行理性的思考。工作总结情况将成为年底评优选先和制订明年计划的一个重要依据。作为办公室秘书张娜负责收集各个部门的工作总结，然后进行汇总整理，撰写全局的年度工作总结。虽然平时经常进行阶段性或某项工作总结，但是年底工作总结时间跨度长，内容综合全面，还是有一定难度的，张娜应当怎样做呢？

相关知识

资源库教学资料：《工作总结的奥秘》

一、总结的适用范围

总结适用于党政机关、企事业单位、单位或个人，适用范围非常广泛。总结的过程也是由感性认识上升到理性认识的过程。一般采用第一人称写作。

工作总结有以下几个作用：

（1）能积累成功的经验，总结教训；

（2）能提高人们观察事物和分析问题的能力；

（3）向上能及时向领导汇报情况，为正确决策提供有力依据；向下能让员工了解情况，明确方向，以便更好地检查监督本单位工作。

（4）能统一人们的思想，不断提高政策水平。

二、总结的特点

（1）客观性。总结是对过去工作的回顾和评价，因而要尊重客观事实，以事实为依据。要求内容真实，不能东拼西凑、添枝加叶。

（2）典型性。总结是人们对客观事物规律的认识的反映，是一种理性认识，是对实践的高度概括。总结不仅能反映工作做得"怎么样"，而且还能将感性认识上升为理性认识，提炼出规律性的东西，以便正确认识、把握客观事物。总结出的经验教训是基本的、突出的、本质的、有规律性的东西，在日常学习、工作、生活中很有现实意义，具有鼓舞等作用。

（3）指导性。指导性是总结的本质。通过总结来把握事务的规律性，从而提高对今后工作、学习等活动的预见性与主动性。通过工作总结，深知过去工作的业绩与失误，找出原因，吸取经验教训，使今后少犯错误，以取得更大的成绩。

（4）群众性。除个人总结外，还必须有群众基础，无论哪个部门、单位的总结，都要集中群众的意见，依靠群众的智慧来写。要反映群众的工作实践，体现群众创造的成绩和经验。

（5）证明性。即总结的基本表达手段是被动的（严格地说是证明），它要用自身实践活动中真实的、典型的材料来证明它所指出的各个判断的正确性。

三、总结的种类

总结的种类有很多，可以从不同角度进行分类。

（一）按内容划分

有生产总结、工作总结、教学总结、招生总结、学习总结、财务总结、试验总结、施工总结等。

（二）按性质划分

有综合性总结和专门性总结等。

（三）按范围划分

有国家总结、地区总结、单位总结、部门总结、个人总结等。

（四）按时间划分

有长期总结、短期总结。长期总结一般指三年以上的总结；短期总结通常指年度总结、季度总结、月总结、周总结等。

四、总结的写作过程

（一）掌握客观事实，广泛收集材料

这是写好总结的基础。总结的材料要准确、典型、丰富。既要积累丰富的材料，又要对收集的材料进行筛选，确保材料的真实性和典型性。

（二）对使用的材料做认真的分析研究

这是写好总结的关键。要有正确的指导思想；要坚持实事求是的原则，克服夸大成绩，回避错误的缺点；要坚持运用辩证法，全面地看待过去的工作；要突出重点。要围绕一个中心主题，分析典型材料，突出主要问题。

（三）反映特点，找出规律

这是撰写工作总结的重点。每个单位都有自己的特点，好的总结应当总结出具有典型意义的、反映自身特点的以及带规律性的经验教训。

五、总结的结构

总结一般包括标题、正文和落款三部分。

（一）标题

（1）名称（单位部门或个人）+期限+内容+文种，如"××公司人力资源部2006年度工作总结"，名称、期限可省略；

（2）文章式，如"高科技创造出高效益"，或主副标题形式"一本书 一页纸 一句话——职业技能考证学习方法总结"。

（二）正文

总结的正文一般包括总体情况的概述、成绩做法的总结、经验体会的提炼、问题教训的分析、结语五个部分。

（1）总体情况的概述。这个部分是总结的前言，应以简明扼要的文字写明总结背景、所在期限内的根据、指导思想、写作目的以及对工作成绩的基本评价等内容，只作概括说明，不展开分析、评议。

（2）成绩做法的总结。这个部分是工作总结的主体，是对第一部分概述情况的分述。

这部分可以是纵式结构，其特点是层层递进，常用于专门性工作总结。按照事件发生、发展、变化的过程顺序或时间的先后顺序安排材料，可把主体部分分成几

个阶段，然后分段说明情况，分析综合，找出每个阶段的经验教训，做到重点突出，层次清楚，使读者对事物发展的全过程了如指掌。

也可以是横式结构，其特点是条条并列，常用于综合性工作总结。按照事物的逻辑关系，从不同的方面或角度进行叙述。即把总结材料或要突出的问题按性质分成几个部分分别叙述，每个部分可以加序号表示或加小标题进行概括。它的优点是便于把做法和成效阐述清楚。各部分之间既要相对独立，又要有密切的内在联系。

成绩做法的总结部分的起草关键要做到点面兼顾、重点突出、夹叙夹议、虚实结合。要抓住有新意、有特色、有典型意义的内容来写，一般化的内容点到为止即可。

（3）经验体会的提炼。这个部分要与客观实际相符。成绩往往看得见、摸得着，而经验是比较含蓄的，隐蔽在成绩里面。提炼经验、观点要体现在标题上，常使用肯定句、判断句。

（4）问题教训的分析。做任何工作，有成绩也会有失误，失误是工作的另一面。分析问题教训，要从主客观两个方面找原因，尤其要从思想上分析，不能怕揭短。这部分的文字不宜过长，不必展开写，关键要分清主次矛盾。

（5）结语。这部分内容包括应如何提升成绩，克服存在的困难及明确今后的努力方向。也可以展望未来，提出新的奋斗目标。

（三）落款

在正文的右下方，注明制订总结的日期（如标题没有写作者名称，这里应一并注明）。

例文1

2012年度工作总结

应用法律系副主任王斌

一年来，本人在学院党委的领导下，认真学习贯彻2012年工作部署会议上的讲话精神，切实履行岗位职责，做好分管工作，现总结如下：

一、思想政治表现

……

二、系教学科研工作

作为分管教学科研的副主任，本人在本年度内重点抓了如下八项工作：

（一）推进教学管理精细化、为提高教学质量打牢基础

……

（八）强化社会服务品牌意识、提升社会服务能力

……

三、本人的教学科研工作

……

四、一年来的工作经验、主要问题与今后的努力方向

（一）工作经验

……

（二）主要问题与努力方向

……

例文2

河北省农业厅2016年政府信息公开工作总结

一、政府信息公开情况

根据《省农业厅政府信息公开制度》，按各单位职责分工通过多种渠道，及时公开相关信息。一是坚持把省政府门户网站作为基本公开平台，所有公开信息全部通过门户网站向社会公开。同时，在河北农业信息网开设政府信息公开专栏。二是按照要求向省档案馆和图书馆提供信息公开资料，加强各级档案馆政府信息集中查阅服务功能。三是在厅行政审批大厅设立政府信息公开窗口，在窗口可以直接提出查阅政府信息申请，也可面对面进行政府信息咨询和收到纸质政府信息。截至目前，在省政府门户网站、河北农业信息网上累计主动公开政府信息1214条，公开本年度新形成的政府信息485条，全文电子化率达100%，包括通知公告80条，信息公开43条，人事信息8条，政策法规15条，工作动态334条，财政财务5条。

二、依申请公开情况

……

三、重点领域信息公开情况

……

四、存在的主要问题

> ……
>
> 五、下一步改进措施
>
> 下一步我厅将按照省政府关于政府信息公开工作的有关要求……
>
> 河北省农业厅
2017 年 4 月 12 日

六、总结写作的要求

（1）找出规律，突出重点。写总结切忌流水账，要把工作中的基本经验、主要做法，指导工作开展的得力之法，推动事业顺利进行的关键所在总结提炼出来。

（2）功夫下在平时。要注重日常的积累，平时要处处留心，积累总结的丰富养料。

（3）磨刀不误砍柴工。领到写总结的任务后，不可急于求成，匆忙动手。而应在收集大量材料的基础上，认真分析研究，进行思维加工，将零散的、感性的材料，通过归纳、分析，使其上升到系统、理性的高度，明确结论、确立观点。在此基础上，列出写作提纲，然后再下笔写作。

（4）语言要得体。总结的语言以平实朴素为上，尽可能用事例、数据说话，切忌华而不实。总结采用第一人称写作，是自我评价，语气要恰当，不能言过其实，也不要过分谦虚。

任务演练

请制订一份近一个月的学习（工作）总结

自我评价

项目	评估内容	自我评价
认知层面	你了解什么是总结了吗？	
	总结有哪些种类？	
能力层面	你能撰写总结吗？	
发展层面	总结对工作学习有哪些作用？	

资源库拓展知识：

1.《总结的写作要求》

2. 《年终总结的写作》

3. 《撰写会议总结》

任务四　简报的写作

任务描述

简报是党政机关、企事业单位、社会团体编发的用来反映情况、传播信息、交流经验、指导工作的一种摘要性的内部文件。

本任务要求了解简报的适用范围、作用和种类，掌握简报的结构和写作要求，能够制作简报。

任务布置

召开年度工作总结会议时，各部门负责人参会，工作总结会议最后，局长做了年终工作总结。会上对先进者和先进集体进行了嘉奖。会议结束后，张娜需要在一天内写完会议简报并交给领导审阅。

相关知识

资源库教学资料：《工作简报的奥秘》

一、简报的适用范围

简报在党政机关、企事业单位、社会团体的日常工作中应用广泛。各级信息部门都需要使用简报通报情况，一些大型会议也要利用简报来交流情况。简报不能代替正式公文，也不能公开出版，具有简短、灵活、快捷的书面形式。简报又称为"动态""简讯""要情""摘报""工作通讯""情况反映""内部参考"等。

简报不是一种文章的体裁。一份简报，可能只登一篇文章，也可能登多篇文章。这些文章，可能是报告、专题经验总结，也可能是讲话、新闻等，所以不能将简报当作一种独立的文体。

二、简报的作用

（1）便于领导掌握情况，指导工作。

（2）向上汇报工作，争取指导帮助。

（3）促进单位间的交流。简报可以送发兄弟单位和相关单位，使单位之间互通信息、交流经验、取长补短。

三、简报的特点

（1）真实性。简报中反映的材料必须真实、可靠，对事物进行分析解释，必须符合实际，坚持实事求是的态度，对事件、材料、数据都要仔细核对。

（2）时效性。简报能否产生作用或产生的作用大小，关键看能否及时报送。简报具有一般报纸的新闻特点，具有很强的时效性。

（3）简明性。简明扼要是简报的显著标志。篇幅短、内容精，抓住工作中的重点和核心，语言简明精练。

（4）新颖性。新颖是简报的价值所在。

（5）保密性。简报只在机关、单位内部交流。级别越高的机关编写的简报，机密程度越高。

四、简报的种类

简报的种类很多，可以从不同角度进行分类。

（一）按内容划分

有情况简报、生产简报、学习简报、会议简报等。

（二）按性质划分

有综合性简报和专题性简报等。

（三）按编写方式划分

有专题式、综合式、信息报送式、经验总结式、转发式等多种。

（四）按时间划分

有定期简报、不定期简报。

五、简报的结构

简报由报头、报身（报核）、报尾三部分构成。

（一）报头

报头约占1/3的篇幅，用横线与正文部分隔开。简报名称用大号字体印刷，位置居中。期号写在简报名称下一行。左顶格列编印单位，右顶格表明印发日期。简报名称一般用套红印刷的大号字体。如有特殊内容而又不必另出一期简报时，就在名称或期数下面注明"增刊"或"××专刊"字样。秘密等级写在左上角，也有的写"内部文件"或"内部资料，注意保存"等字样。

（二）报身（报核）

报身，也称报核，即简报所刊的一篇或几篇文章。

简报的写法多种多样，因此报核的形式较为灵活。

（1）按语。内容重要的简报，通常要写个简短的按语，说明编发这份简报的原因或目的，以引起读者的重视。按语多数根据单位领导的意见撰写，具有指导性，如有的按语写"根据××同志意见，现将这份简报转发如下，供各部门参阅"；有的则将简报的重点突出，达到强调、宣传的目的。按语写在报头部分间隔线之下，标题之上，左右页边最好不要与正文并齐，一般每行各缩进两三个字。按语不是简报必备的内容要素。

（2）标题。类似新闻的标题，要揭示主题，简短醒目。可以采用单标题或双标题。双标题即正副标题的写法，正标题提示全文的思想、意义；副标题写出事件与范围，起到补充说明的作用。如果编发多篇文章，可在文章前列一个目录。

（3）导语。通常用简明的一句话或一段话概括全文主旨，给读者一个总的印象。导语的写法多种多样，有提问式、结论式、描写式、叙述式等。导语一般要交代清楚谁（某人或某单位）、什么时间、干什么（事件）、结果怎样等内容。

（4）主体。用足够的、典型的、有说服力的材料，把导语的内容加以具体化。

主体有以下几种写法：一是按时间顺序写，即按照事情发生、发展、结束的顺序来写，这种写法比较适合报道一个完整的事件，称为新闻式写法；二是按空间变换的顺序写，这种写法适合报道一件事情几个方面的情况；三是按逻辑方法分类、归纳，即把所有材料归纳为几个部分，按序号或小标题归纳为几个部分、几个方面，按序号或小标题分别叙述；四是夹叙夹议法，即边叙述边评述，这种方法适合反映某种带有倾向性问题的简报；五是对比法，即在对比中展开论述。

（5）结尾。常以议论深化主题，或呼应开头，总结全文，或指明事情发展趋势，或提出希望及今后打算。如果主体部分已经把事情说清楚了，那就不必再写。

例文

石家庄市"预防艾滋病暨青春期教育进校园"活动简报

2017年10月19日上午9时，石家庄市"预防艾滋病暨青春期教育进校园"活动在石家庄市第十五中学体育馆报告厅举行。来自市直属中学的主管领导、骨干教师和石家庄市第十五中学的高一年级学生共计近350人参加了会议，石家庄市生命教育指导中心主任郝丽萍、石家庄市第十五中学校长陈永志、副校长焦艳丽出席了会议。

首先，由来自石家庄市第十五中学的高级教师、国家二级心理咨询师王红蕊授课，题目为"了解、关爱、珍视生命"。整个课堂以电视剧《天使的幸福》中的相关桥段贯穿，分别从什么是艾滋病、艾滋病的传播途径和艾滋病的预防方法等方面进行了精彩的讲解。授课过程中，同学们针对老师提出的问题积极思考、踊跃发言，敢于表达自己的观点和想法，课堂气氛非常活跃，受到了与会领导和专家的一致好评。课后，石家庄市疾病预防控制中心性病艾滋病防治所副所长、主任技师刘丽花针对王红蕊老师的课做出了精彩点评。

接着，石家庄市疾病预防控制中心性病艾滋病防治所副所长、主任技师刘丽花，进行了题为"青少年是抗击艾滋病的生力军"的主题讲座。刘所长首先通过系列数据说明了学生为什么成为艾滋病的高发人群，然后分别从艾滋病的传播途径、引起HIV传播必须满足的条件、艾滋病的潜伏期、艾滋病的抗病毒治疗、艾滋病的预防、毒品与艾滋病的关系、艾滋病病毒感染者和艾滋病病人的权利和义务、国家对艾滋病人和家庭的关怀政策等方面举办了精彩的讲座。

通过这次活动，与会人员受益匪浅。大家清醒地认识到：防治艾滋病是一项长期系统的社会工程，需要进行广泛的社会动员。我们在进行自我防范的同时，向尽可能多的人宣传艾滋病知识——传递一份健康，一份爱的关怀。让我们一起"行动起来"，向"零"艾滋迈进！

（三）报尾

在简报最后一页下部，用一条横线与报核隔开。横线下左边写明发送范围（报、送、发）范围，在平行的右侧写明印刷份数。

简报结构：

（密级）

简报名称
（第×期）

编发单位全称	印发日期

按语部分××××××××××××××××××。

目录部分×××××××（标题）

×××××××（标题）

×××××××（标题）

简 报 标 题

导语部分×××××××

正文（主体）部分×××××××（标题）

发送范围（报、送、发）	（共印××份）

六、简报写作的要求

（1）抓重点。要抓全局性、指导性的核心问题和关键问题。

（2）抓热点。要抓群众关心的问题、各级领导关心的问题。

（3）抓亮点。要抓能让人眼前一亮、为之一振的事情。

（4）抓材料。内容必须保证绝对真实、准确。否则，就会造成不良后果。

（5）简明扼要。

（6）讲究时效。

任务演练

请根据校园近期的活动，以学院学生会的名义编写一份校园动态。

自我评价

项目	评估内容	自我评价
认知层面	你了解什么是简报了吗？	
	简报有哪些种类？	
能力层面	你能编写简报吗？	
发展层面	简报对单位业务有什么作用？	

资源库拓展资料:《编写会议简报》

任务五　调查报告的写作

任务描述

调查报告,是对某一地区、某一单位、某一事物进行深入、周密的调查,获得大量生动的资料后,经过认真分析研究,归纳而成的书面报告。

本任务要求了解调查报告的适用范围、特点和种类,掌握调查报告的结构和写作要求,能够书写调查报告。

任务布置

最近局里收到反映某单位存在违规收费、私藏"小金库"的情况,为了查明情况,局里组织调查小组进行了深入调查,张娜作为调查组成员负责整理资料并主笔撰写调查报告。

相关知识

一、调查报告的适用范围

调查报告与公文中的"报告"有所不同。公文中的"报告"侧重于汇报日常工作,供主管部门领导指导工作时参考;调查报告不限于日常工作,凡是与日常工作有关的重大情况、典型事件、经验或教训等带有普遍意义的问题,都可用调查报告的形式反映。

调查报告形成的过程包括调查、分析研究、书面报告三个阶段。表达的不是个人的见解和意见,是根据客观事物的调查研究结果做出的书面报告。调查过程大都是集体有组织、有计划地采用科学方法与手段进行的。

二、调查报告的特点

(一)真实性

调查报告的基础是客观事实,是调查研究后所发现的客观事物的本质和规律。

因此，撰写调查报告需要深入调查，并对材料的真实性反复核实。如果了解到的仅仅是事物的表象或部分，那么得出的结论就不是本质性的、规律性的。

（二）针对性

进行调查研究，撰写调查报告是为了解决问题，因此要有明确的针对性。针对性越强，指导性就越强，越能发挥积极作用。这就要求我们在对某个问题进行调查时必须深入，切忌泛泛调查。

（三）典型性

调查对象及所运用的材料是否典型，是决定调查报告成败的关键。如果材料不典型，就不能很好地揭示现实事物的本质和规律。

（四）时效性

调查报告要反映当前工作中迫切需要解决的问题，具有较强的时效性，因此，写作者要抓紧时间调查和写作，否则会失去指导意义。

三、调查报告的种类

（一）经验调查报告

这类调查报告以成绩突出的单位或个人在工作中所取得的典型经验为内容，着重介绍他们的具体做法和体会，并把这些上升到理论的高度来总结。这类调查报告具有较强的针对性和政策性，并对表彰先进起到重要作用。

（二）情况调查报告

这类调查报告能比较系统、深入地反映社会的某一方面，或某一地区、某一系统、某一单位的基本情况，使人们了解其发展的过程和值得注意的倾向，由于其内容比较全面、广泛，因而可作为领导部门掌握全面情况、制定方针政策的依据。

（三）问题调查报告

这类调查报告主要揭露社会生活中的某些丑恶现象、不良行径和社会弊端，它在充分揭露事实的基础上分析其产生的原因，指出其危害性，以引起社会和相关部门的关注，达到弄清是非、教育群众、解决问题的目的。因此，揭露性、鞭挞性、批评性、惩戒性是这类调查报告的显著特点。

（四）市场调查报告

市场调查报告是财经类的专业文书。针对市场情况，运用问卷等进行调查，对所得信息进行分析，写出市场调查报告，指导、调整市场策略和营销战术，并据此进行预测。

四、调查报告的结构

调查报告一般由标题和正文两部分构成。

(一)标题

调查报告的标题形式比较灵活,通常有三种形式。

(1)由事由和文种构成的单行标题。如《关于北京市流动人口现状的调查报告》《关于杭州教育业的调查报告》。

(2)内容概括式标题。如《湖南农民运动考察报告》。

(3)主副标题,由主标题和副标题构成。如《教师健康状况不容忽视——关于×××学校教师健康状况的调查报告》。

(二)正文

正文一般包括导语、主体、结束语三部分。

1. 导语

也称前言、导言。此部分需写明调查报告的意图、性质、时间、地点、对象,以及调查的范围和采用的调查方法。

例《×县×村农民增收问题的调查报告》正文导语

为了摸清当前农民增收现状、构成与变化趋势,各项农民增收政策的落实情况及农民收入稳定增长的有效途径,为领导决策提供科学依据,制订的农民增收问题调查方案,今年一月至五月我县组织技术干部到本县×村进行了入户调查,现将调查情况报告如下。

2. 主体

它是调查报告的核心部分,一般包括三部分内容。

(1)情况部分。介绍调查所得到的基本情况,用事实说话,统计数据要准确,文字简明,条理分明。

例《×县×村农民增收问题的调查报告》正文情况部分

(一)经济资源情况。

1. 基本情况。该村393户,1501人。按文化程度分类:……土地构成分类:全……。生活设施建设享受程度:……人均纯收入构成;全村2008年人均纯收入2350元,2008年村级人均纯收入预计2500元。……

2. 土地总面积……

3. 物资总价值累计……

4. 粮食平衡。……

……

(二)种植业结构与效益。

1. 种植结构:……

2. 经营收入:……

3. 经营支出:……

4. 净收入:……

(三)家庭纯收入。……

(四)家庭总支出。……

(五)家庭纯收入预测。……

(2)分析部分。重点分析所调查事情或现象的产生背景、原因、实质。以事实为依据,抓住问题的实质、规律,揭示出其重要意义或危害性。

例《×县×村农民增收问题的调查报告》正文分析部分

通过对以上情况的综合分析,我们认为导致农民增收情况不良的原因主要如下:

1. 文化素质较差。抽查10户调查,文盲2人,占抽查样本的4.8%;初中以下文化程度的37人,占抽查样本的88.1%;高中以上的3人,占7.1%。

2. 专业技能人员少。抽查的10户中,劳力28.5人,其中受过培训的仅2人,占劳力总数的4.8%。在打工收入当中,基本是从事劳动强度较大的体力劳动,因此打工收入较低。

3. 技术含量普遍低。抽查的10户中,种植结构调整比较优良,其粮经比为1∶1.8,但在经营过程中受市场价格下跌和技术投入跟不上等因素影响,致使家庭收入出现负增长。

4. 人口素质相对差。全村1501人中,丧失劳动能力的人口58人,占总人口的3.9%。其中弱智人口27人,重病人口31人,这将给平稳增收带来一定的影响。

5. 村办企业无发展。调查结果,全村没有突出的具有一定规模的产业基地,更谈不上有促进农民增收和集体积累的生产加工企业,因此,农民增收潜力不大。

6. 交通通信条件差。全村393户,通公路的325户,还有68户人家住在偏高偏远的地方,这部分人口因交通条件差而被限止了生产发展。通电视信号的仅272

户，还有121户不能正常收看电视节目，因此不能及时了解市场信息和掌握科技知识。这些因素制约着生产经济效益的提高。

（3）建议部分。通过分析，根据实际情况，提出解决问题的建议，为有关部门恰当处理提供参考。

例《×县×村农民增收问题的调查报告》正文建议部分

根据以上调查结果……建议通过以下途径提高农民收入：

1．认真做好人力资源开发……

2．认真做好耕地资源开发……

3．认真做好山场资源开发……

4．认真做好养猪业的发展……

主体部分在结构的安排上，主要有以下几种方式：一是纵式结构。按照事情发生、发展的先后顺序安排材料。针对某一问题可以采取这种方式。二是横式结构。即把调查得来的情况、经验、问题等分成几个部分并列阐述，分别冠以小标题或序号，从不同方面围绕全文中心叙述说明。例文即采用这种结构。三是纵横式结构。即将上述两种方法结合起来，但应确定以一种结构方式为主，另一种为辅的写作要求。

3. 结束语

结束语即总结全文，深化主题的句段。有的也可在建议部分结束全文。

例文

唐山华熠实业股份有限公司"3·1"谎报较大火灾事故调查报告

2018年3月1日12时20分，迁安市天良建筑机电安装工程有限公司在其承包的唐山华熠实业股份有限公司苯加氢车间酸性污水暂存罐管道改造作业过程中发生爆燃，引发火灾事故，造成4人死亡，1人受伤，直接经济损失约537.25万元。

事故发生后，唐山华熠实业股份有限公司未如实向丰南区负有安全生产监督管理职责的有关部门报告事故人员伤亡情况，谎称事故造成3人受伤。3月2日，丰南区公安局、安全监管局人员在跟踪调查期间，发现事故中还有2名死亡人员未上报。

事故发生后，省委副书记、省长××，省委常委、唐山市委书记××，副省长××，唐山市市长××相继作出重要批示，要求全力救治伤员，妥处善后，举一反三，持续深入开展事故隐患大排查大整治专项行动，严防类似事故发生，依法依规对事故展开调查，查清事故原因，查清谎报责任，严肃追究有关责任单位和责任人员的责任。3月2日晚，唐山市连夜组织召开全市安全生产紧急会议，将事故情况通报全市，并就加强全国两会期间全市安全生产工作提出明确要求。3月3日，唐山市安全生产委员会办公室专门下发《关于唐山华熠实业股份有限公司"3·1"较大事故的通报》，就全力做好全国两会期间安全生产工作，坚决遏制各类事故发生，确保全市安全生产形势稳定提出明确要求。

依据《安全生产法》和《生产安全事故报告和调查处理条例》（国务院令第493号）等有关法律法规，经唐山市人民政府批准，3月3日，成立了由市安全监管局、市监察委、市公安局和市总工会等部门人员参加的"唐山华熠实业股份有限公司'3·1'谎报较大火灾事故调查组"（以下简称事故调查组），对事故展开全面调查。

事故调查组按照"四不放过"和"科学严谨、依法依规、实事求是、注重实效"的原则，通过勘查现场、查阅资料、询问有关人员，查清了事故原因、查明了事故发生及谎报经过，认定了事故性质，提出了对有关责任人员和责任单位的处理建议及防范整改措施。现将有关情况报告如下：

一、基本情况

（一）事故相关单位概况。

（二）合同签订情况。

（三）迁安天良公司人员招募情况。

《工程维修施工合同》签订后，迁安天良公司李××通过朋友赵××（迁西县撒河桥镇人）……

（四）事故发生区域基本情况。

1. 苯加氢车间基本情况。

2. 酸性污水暂存罐工艺流程情况。

3. 事故酸性污水暂存罐情况。

（五）现场勘验情况。

1. 事故现场外围及周边环境情况。

2. 事故现场情况。

二、事故发生经过、救援情况及谎报过程

（一）事故发生前施工作业情况。

（二）事故发生经过。

（三）事故救援情况。

（四）事故上报及谎报情况。

三、事故原因及性质

（一）直接原因。

（二）间接原因。

（三）事故性质。

鉴于上述原因分析，根据国家有关法律法规的规定，事故调查组认定，该起事故是一起因企业主体责任不落实、安全管理不到位而引发的较大生产安全责任事故。

四、事故责任分析及处理建议

根据事故原因调查和事故责任认定，依据有关法律法规和党纪政纪规定，对事故有关责任人员和责任单位提出如下处理意见：

（一）建议移交司法机关追究刑事责任人员（3人）。

（二）建议由事故相关单位内部处理人员（9人）。

（三）建议给予党纪、政纪处分及其他处理人员（10人）。

（四）对事故责任单位的行政处罚建议。

五、事故防范及整改措施建议

（一）切实吸取事故教训。……

（二）唐山华熠公司要严格落实企业安全生产主体责任。……

（三）河北丰南经济开发区党工委、管委会要切实落实属地安全生产管理职责。

（四）丰南区安全监管局要切实加大行业监管力度和综合协调力度。

（五）丰南区委、区政府要切实发挥领导责任。……

唐山华熠实业股份有限公司
"3·1"谎报较大火灾事故调查组
2018年5月28日

五、调查报告写作的要求

（1）目的明确，认真选择调查对象，制订调查计划。抓重点，要抓全局性、指导性的核心问题，关键问题；抓热点，要抓群众关心的问题，各级领导关心的问题；抓亮点，要抓能让人眼前一亮、为之一振的事情。

（2）认真调查，收集有关资料，注意材料的准确性和典型性。内容必须保证绝对真实、准确，否则，就会造成不良后果。

（3）观点明确，在尊重事实的基础上进行理性判断，透过现象揭示本质、规律。

（4）讲究时效。

任务演练

如今，手机的使用非常广泛，它在给人们带来便利的同时也带来了很多干扰。请就大学校园学生使用手机情况做调查，并写一份调查报告。

自我评价

项目	评估内容	自我评价
认知层面	你了解什么是调查报告了吗？	
	调查报告有哪些种类？	
能力层面	你能编写调查报告吗？	
发展层面	调查报告对工作有什么作用？	

任务六　会议记录的写作

任务描述

会议记录是将开会时的内容整理成书面材料。内容包含会议的基本情况和会议报告、讨论的问题、发言、形成的决议等。会议记录是一项重要的工作记录材料，要指定专人负责记录、保管。每次会议结束后，会议主持人要在记录的右下方署名。

本任务要求了解会议记录的适用范围、特点和种类。

任务布置

秘书的一项重要工作就是做会议记录。张娜负责局长办公会的会议记录。每次会议结束后根据会议记录编写会议简报或进行事项催办、督办。同时，张娜还有一个会议记录本，用来记载自己参加其他会议的内容。久而久之，张娜养成了良好的职业习惯——非常重视书面记录。这个好习惯帮助张娜有条有理、高效完成工作。

每周一的局长办公会前，张娜就将会议基本情况记好，准备正式记录。

相关知识

一、会议记录的适用范围

会议记录广泛应用于党政机关、企事业单位、社会团体日常的工作中。会议记录可以作为传达、执行会议决定和贯彻会议精神的依据，也可以作为以后进一步分析、研究、总结工作的重要参考资料，起到备查的作用。

二、会议记录的特点

（一）综合性

会议记录是在对会议中各种材料、与会人员的发言等进行综合分析和概括提炼的基础上形成的，具有整理和提要的基本特点。

（二）指导性

指导性表现在两个方面：一是会议记录本身的权威性；二是会议记录集中反映了会议的主要精神和决定事项。因而会议记录一经下发，将对有关单位和人员产生约束力。

（三）备考性

一些会议记录主要不是为了贯彻执行，而是向上汇报或向下通报，必要时可做查阅之用。

三、会议记录的种类

根据会议性质的不同，会议记录可以分为以下几类。

（一）工作会议记录

工作会议记录是召开工作会议，研究一些重大问题所形成的会议记录。

（二）行政例会记录

行政例会记录是在各级行政机关召开的办公会议和行政例会上所形成的会议记录。

（三）座谈会记录

座谈会记录是为解决某个重要问题，召集有代表性的人员参加，进行座谈、讨论而做的会议记录。

四、会议记录的结构

会议记录包括会议基本情况和会议内容两部分。

（一）会议基本情况

这一部分包括会议名称、开会时间、地点、出席人、缺席人、列席人、主持人和记录人等内容，要在主持人宣布开会前写好。

（1）会议名称。通常由单位名称、会议事由构成。如"××局2019年工作部署会议"。

（2）开会时间。开会时间要写详细，要写明年、月、日和几时几分。

（3）出席人。人数不多的会议，要把出席人的名单都列上；参加人数多的会议，可以只写出席人数；重要的会议，为了便于统计人数和日后查考，可以另设签到簿，请出席人签名。

（4）缺席人。在缺席人不多的情况下，要写出缺席人姓名，并注明原因；当缺席人数较多，一时又难以查清时，可以只写人数。

（5）列席人。不属于本次会议的正式成员，但与会议有关的各方面人员，一般要写明单位名称和职务。

（6）记录人。要写明记录人的姓名，若是多人记录，则应写清各自所记的内容，以明确责任。

（二）会议内容

会议内容是记录的主体，要根据会议的性质、目的、要求及讨论的问题来确定，包括主持人的发言、会上的报告或传达的事情、讨论的问题、做出的决议等项目。记录方法有两种。

（1）摘要记录法。一般的会议通常采用这种记录法。只记会议上报告或传达的事情、讨论的问题、通过的决议等，不记录讨论时每个人的发言。

（2）详细记录法。这种记录法要求把会上每一个人的发言或报告、会议的进程都完整记录下来。尽量记录原话，主要用于比较重要的会议和重要的发言。有的会议通过录音、录像等手段进行记录，但是最终还要将录下的内容还原成文字。

会议结束，记录完毕，要另起一行写"散会"二字。如中途休会，要写明"休会"字样。

例文

××公司办公会议记录

时间：二〇××年×月×日×时至×时

地点：公司办公楼五楼大会议室

出席人：××× ××× ××× ××× ××× ……

缺席人：××× ××× ××× ……

主持人：公司总经理

记录人：办公室主任×××

主持人发言：（略）

与会者发言：××× ……………………………………………………

散会

主持人：×××（签名）

记录人：×××（签名）

（本会议记录共×页）

图示：

会议名称					
时　间		地　址			
主持单位		主持人		记录人	
参加者					
缺席人员及原因					
会议内容					

NO：

图3-2　会议记录图示

会议签到表

会议主题	
会议时间	
会议地点	
会议主持	

序号	职位	姓名	签名
1			
2			
3			
4			
5			
6			

图 3-3　会议签到表图示

五、会议记录写作的要求

（1）内容准确。不管会议基本情况还是会议内容都应将重点内容如实进行记录，不能根据记录者的喜好随意删减。

（2）提高记录速度。要想准确记录好会议情况，必须提高记录速度，不断进行听、写能力训练，提高理解与概括能力，使记录的内容完整，易于理解。

（3）妥善保存。

六、会议记录与会议纪要的区别

（1）性质：会议纪要是法定行政公文；会议记录是机关、单位内部用于记录会议发言的事务文书。

（2）内容：会议纪要是经过整理加工的会议上达成的一致认识，是会议内容的要点；会议记录是会议发言的原始记录，基本上要做到有言必录。

（3）形式：会议纪要基本上按照行政公文的规范格式；会议记录没有统一格式，多是各单位自定。

（4）发布形式：会议纪要按公文程序发布，但没有主送和抄送机关，通常要在一定范围内传达或传阅，要求贯彻执行；会议记录仅作为内部资料保存，绝不公开发布。

（5）提炼加工程度：会议记录，无论详细记录还是摘要记录，都要做原始记载，参加会议的人怎么说就怎么记，既不能遗漏重要内容，更不能添枝加叶；会议纪要则是在记录的基础上，经过执笔人的分析综合后，摘其要点，舍其芜杂，按一定的逻辑顺序编排加工而成。记录不是文章，只能做文章的原始材料；纪要则是经过抽象思维，加工而成的文章。

任务演练

（1）会议记录和会议纪要有什么区别？

（2）以小组为单位，召开讨论会，主题自选。根据讨论会的情况，写一份会议记录。

自我评价

项目	评估内容	自我评价
认知层面	你了解什么是会议记录了吗？	
	会议记录有哪些种类？	
能力层面	你能编写会议记录吗？	
发展层面	会议记录、会议纪要、会议简报有哪些不同？	

任务七　述职报告的写作

任务描述

述职报告是党政机关、企事业单位、社会团体的人员系统地向授职机关、主管领导及职工群众陈述自己在一定时间内从事岗位工作的成绩、问题等，是一种自我评述的应用文。

本任务要求了解述职报告的适用范围、特点和种类，掌握述职报告的结构和写作要求，能够书写述职报告。

任务布置

年底开始各项工作的总结，每个人都需要撰写述职报告，并在总结会上进行宣读，张娜整理了一年来的工作记录，准备着手进行书写。但是觉得述职报告和工作总结差不多，那么，这两者是一回事吗？

相关知识

资源库教学资料：《述职报告的制作》

一、述职报告的适用范围

述职报告广泛适用于党政机关、企事业单位、社会团体日常的工作中，是总结报告的一种特殊形式。

二、述职报告的特点

（一）评价的标准性

书写述职报告有一个客观的标准，即国家、部门或单位统一制订的岗位职责和目标，规定了述职者的职权范围和工作职责。书写述职报告要依据这个标准去评价自己的工作，而一般的工作总结、工作报告的评价标准是不固定的，往往是以上级部门的工作部署和基本要求为依据。

（二）评述的自我性

用第一人称写，述说自己在一定时期内履行职责的情况，是对自己的评价和鉴定，是向上级和职工进行汇报。这是述职报告不同于一般工作报告的显著特点。不能写成回顾整个单位或他人工作情况的工作总结、工作报告。

（三）考核的鉴定性

述职内容要充分体现述职人的工作成绩，实事求是地写，不能夸大，也不能缩小。述职是考核干部的重要方式，由述职人当众宣读，经民主评议后上交主管部门，作为升、留、降、调的依据之一。

（四）行文的庄重性

态度要严肃，用语要庄重，评价中肯恰当。

三、述职报告的种类

根据不同的分类标准，述职报告有多种分类，一般分为以下两种。

（一）晋职述职报告

晋职述职报告是有关领导者或工作人员在晋升更高一级职务时，必须向主管部门和领导报告履行岗位工作的情况。

（二）例行述职报告

例行述职报告即担任一定岗位职务的人员，定期向有关组织和群众汇报工作情况，接受组织的考核和监督。

四、述职报告的结构

述职报告包括标题、署名、主送机关或称谓、正文。

（一）标题

标题的写法有三种：

（1）公文式写法。年限+所任职务+文种，如"2018年任××学院院长期间的工作报告"。

（2）新闻标题式写法。主标题下加一个副标题，如"潜心研究，积极转化研究成果——××述职报告"。

（3）直接用文种名称作标题。如"述职报告"。

（二）署名

在标题下签述职人的姓名，也可以写在落款处。有时在姓名前要冠以职务。

（三）主送机关或称谓

向上级呈送的述职报告，应按照公文写作的规范格式写明收文机关，如"××党委"，如果是面对面地向领导或下属口头述职，应该用一般性称谓，如"各位领导、同志们"，而不应写主送单位。

（四）正文

正文由前言（开头）、主体和结尾三部分构成。

（1）前言（开头）。陈述述职人的基本情况。

（2）主体。主要陈述自己的工作实绩，这是报告的重点部分，如介绍政治学习、政治表现、职业道德、主要工作成绩、存在的不足等，其中重点是工作成绩。

（3）结尾。进行表态，表明自我批评及以后努力的方向，表示自己将更加尽职尽责做好本职工作。

> **年终述职报告**
>
> 张 悦
>
> 尊敬的各位领导、同事们：
>
> 　　大家好！时光飞逝，转眼间来到××已经快一年了，回顾一年来的工作历程，在党委的正确领导下，在单位党支部、同事们以及广大职工的支持和配合下，立足本职，积极工作。今天在这里，就我一年来的工作向各位领导和同志们作以下汇报：
>
> 　　一、在政治、业务学习方面，努力增强素质，始终坚持认真学习，不断提高理论水平和工作能力（略）
>
> 　　二、立足本职，勤奋努力，做好分管工作（略）
>
> 　　三、勤政廉洁，树立人民公仆的良好形象（略）
>
> 　　四、存在的问题和今后努力方向（略）
>
> 　　以上是我一年来的工作述职，请大家批评指正！在今后的工作中，我将继续加强学习、认真工作，以更加饱满的工作热情，争取把各项工作完成得更圆满、更彻底。在此，我要感谢领导和同事对我工作的支持和鼓励，对我的耐心帮助。
>
> 　　述职至此，谢谢大家！
>
> 2018 年 12 月 26 日

五、述职报告写作的要求

（一）实事求是

书写述职报告要客观公正、实事求是、严肃认真。对自己工作中出现的成绩和失误，要客观地做出评述。在肯定成绩的同时，应指出不足。

（二）要点突出

写作述职报告一定要重点突出，有针对性，在表述时注意不要面面俱到。善于总结工作中的亮点，善于提炼概括，从繁杂的工作事务中提炼出有针对性的理论认识。

（三）具有个性

不同的工作岗位有不同的职责要求和履行方式，相同的岗位也会因述职者个人的工作作风、性格差异、不同的工作方式而产生不同的结果。因此，述职报告要突出个性。

（四）区分集体成绩和个人成绩

述职时只需讲清个人实际作用，不应将集体功绩占为己有。

任务演练

（1）述职报告与一般的工作报告有什么不同？

（2）书写述职报告时要注意什么？

自我评价

项目	评估内容	自我评价
认知层面	你了解什么是述职报告了吗？	
	述职报告有哪些种类？	
能力层面	你能写述职报告吗？	
发展层面	述职报告对单位和个人有什么作用？	

任务八　请假条的写作

任务描述

请假条是请求领导、老师或其他人准许其不参加某项工作、学习、活动等的文书。

任务布置

每年春天，漫天的柳絮引发了很多人患鼻炎症，张娜也没能幸免。这两天鼻炎病情加重，必须去医院治疗，因此，张娜写了一张请假条交给了主任。

相关知识

一、请假条的适用范围

请假条广泛适用于党政机关、企事业单位、社会团体日常的工作中。

二、请假条的种类

请假条分为病假条、事假条和续假条。

三、请假条的结构

请假条包括标题、主送机关或称谓、正文、敬辞和落款五部分。

（一）标题

居中写。直接用文种名称作标题。如"请假条"。

（二）主送机关或称谓

顶格写。向上级呈送的请假条，应按照公文写作的规范格式写明收文机关，如"××党委"；如果是向个人请假，注意应加上其职务，以示尊重。如直接写称谓，"王老师"。

（三）正文

第二行空两格开始写。正文由请假原因、请假请求和请假时间组成。不用作无谓的修饰，把事情说得清楚、简明就好。

（四）敬辞

最后加上请假习惯用语"请批准""请予批准"等，正文内容结束后，另起一行，空两格写，一般用"此致"，然后再起一行顶格写"敬礼"。

（五）落款

署名和日期。

请假条内容较少的，不用分段。如有相应证明，例如医院证明、电报、信函等，随请假条附上。

例文 1

请 假 条

李老师：

　　我因感冒发高烧身体乏力，经医生诊断为流行性感冒，需要在家休息三天（4月12日至14日）。特此请假，恳请批准。

　　附：医院证明一张。

　　此致

敬礼

16 文秘 3 班 ×××

2016 年 4 月 11 日

例文 2

部门		职务		姓名	
请假类别 　　　□休假　□公假　□病假　□其他（请说明）　□事假					
请假时间 　　自　年　月　日　时至　年　月　日　时总共请假　天　小时					
□准主管签字 □不准（请述明理由） 　　　　　　　　　　　　　　　　　　　　　职位　　　日期					

四、请假条写作的要求

格式要正确，语言要明白、简短，内容（事由、请假时间等）真实明确。

任务演练

（1）下面这个请假条有错误，请找出来。

请 假 条

王老师：

昨天晚上我突然感冒发烧，今天不能到校上课，特此请假。请批准！

此致

敬礼

2015 年 11 月 20 日

（2）此请假条的请假事由是什么？

请 假 条

尊敬的王老师：

　　我因今天踢球受伤，脚部疼痛需要前往医院检查医治，明天（6 月 31 日）不能上课了，特向您请假一天，望批准。

　　此致

敬礼

　　　　　　　　　　　　　　　　　　　　　　　　　王明

　　　　　　　　　　　　　　　　　　　　　　　　6 月 30 日

（3）小李要参加校团委组织的演讲比赛，比赛时间需要占用应用文写作课二节，请你替小李写一份请假条，向授课老师王老师请假。具体时间、地点等内容自拟。

自我评价

项目	评估内容	自我评价
认知层面	你了解什么是请假条了吗？	
	请假条有哪些种类？	
能力层面	你能写请假条吗？	
发展层面	请从管理的角度谈谈请假条的意义	

任务九　借条、收条和欠条的写作

任务描述

借条是表明债权、债务关系的书面凭证，一般由债务人书写并签章，表明债务人已经欠下债权人借条注明金额的债务。

收条是有法律上的理由予以接收的人接收财物后，给送交人出具的书面凭据。

欠条是借了集体或个人的钱、器物后，归还了一小部分，余下部分还需拖欠时所写给对方的凭证性文书。

本任务要求了解借条、收条和欠条的适用范围，掌握条据的结构和写作要求，能够书写格式正确、内容完整的条据。

任务布置

张娜的好友丁某最近遇到了一件非常麻烦的事情。原来丁某向周某借款12000元，周某自己将借条写好，丁某看借款金额无误，遂在借条上签了名字。后来，周某持丁某所签名欠条起诉丁某归还借款120000元。丁某欲辩无言。后查明，周某在12000后面留了适当空隙，在丁某签名后便在后面加了"0"。这件事情真的很棘手，张娜发现这些看似简单的条据里面藏着大学问，必须好好学一学。

相关知识

资源库教学资料：《借条的制作》；《你会打借条吗》

一、借条、收条和欠条的适用范围

借条、收条和欠条广泛应用在党政机关、企事业单位、社会团体、个人日常工作中。

借条是借用他人钱物时所立的，由出借人保存，钱物返还时由借用人收回。

收条用于收到他人钱物的时候写给对方。

欠条用于以下情况：（1）购买物品或收购产品时，因不能支付或不能全部支付他人的款项而要写欠条；（2）借了他人或单位的钱物到时不能归还，或不能全部归还。

二、借条、收条和欠条的结构

资源库教学资料：《借条、欠条、收条的写法》

借条、收条和欠条都包括标题、正文、落款三部分。

（一）标题

居中写。直接用文种名称作标题。如"借条""欠条""收条"或用"今收到""今借到"字样。

（二）正文

第二行空两格开始写。

借条写法：要写明借方和出借方的名称，借用对方钱或物的名称、规格、数量、借后的用途、归还时间等。需要注意的是，要注明是"借给"还是"借得"，否则一字之差，谬以千里。"张三借李四三万元"这种表述完全不清楚谁是债权人，谁是债务人。借条可以手写，也可以用表格的形式。

例文1

借　条

今借到李霞人民币伍仟圆整（￥5000元），将于2015年12月30日前归还。此据

　　　　　　　　　　　　　　　　　　　　　借款人：王芳

　　　　　　　　　　　　　　　　　　　　　2015年1月10日

例文 2

借　条

今借到××学院××系打印机两台，椅子壹百张，作为开会使用，会后立即归还。

此据

借用人：×××公司

经办人：×××

××××年×月×日

收条写法：要写明收到谁的，收到的钱物名称、数量和规格。

例文

收　条

今收到××同学交来住宿费玖佰元整。

此据

收款人：×××

××××年××月××日

欠条写法：要写明对方的名称、原借数量、已还数量、还欠数量、余下部分归还日期等。

例文

欠　条

××××年×月×日借到××学院××系打印机两台，椅子壹百张，作为开会使用，今天归还打印机两台、椅子五十张，剩余五十张将于××××年×月×日前归还。

经办人：×××

××××年×月×日

在正文后另起一行空两格写上"此据"字样作为结语,也可以省略不写。如属事后补写的条据,要在正文后写明"今补×条,作为凭据"字样。

(三)落款

在正文空两行右下方位置写上立据人的姓名,并在姓名下方写上立据日期。必要时须签章或按手印。

收条、欠条及借条二书写方法如图3-4所示:

图3-4 收条、欠条及借条的书写方法

三、借条写作的要求

(1)应写清楚借款人和放款人的法定全名。

(2)数额单位要明确,数额要用中文大写书写,分比应明确百分比、千分比、万分比。应写清楚借款金额,包括大写和小写的金额。

(3)应写清楚借款期限,包括借款的起止年、月、日和明确的借款期限;应写清楚还款的具体年、月、日。

(4)应写清楚借款的利息,应有明确的年利率或月利率,最终应支付的借款利息总额(包括大写和小写金额)等约定。

(5)表达清楚,注意避免歧义。

(6)如有担保人,应注明担保方式,并写明担保人。

(7)应有借款人亲自签章、手印或亲笔书写的签字。条据最好一式两份,双方各执一份。

任务演练

练一练：这是一个合法有效的借条吗？

借 条

今借王霞 50000 元，2015 年 12 月归还。

李芳

提示：

（1）金额只有小写，没有大写，没写清是不是人民币。

（2）借款和还款的日期都不清楚。

（3）"借给"还是"借得"，一字差千里。

（4）"还"字读"huan"还是"hai"，不同的读音不同的意思。

（5）如果是有利息的话，利率要用大写，比如千分之几、万分之几等。

（6）要写明用途。用途也必须是合法的，借的如果是赌债等，是不受法律保护的。

自我评价

项目	评估内容	自我评价
认知层面	你了解什么是借条、欠条和收条了吗？	
	书写这些条据的时候要注意什么？	
能力层面	你会写借条、收条和欠条了吗？	
发展层面	你还需要掌握哪些方面的知识？	

资源库拓展资料：《丢失借条的法律后果》

相关案例

案例1：是己借款，非己写条

王某向张某借款 10000 元。在张某要求王某书写借条时，王某称到外面找纸和笔写借条，离开现场，不久返回，将借条交给张某，张某看借条数额无误，便将 10000 元交给王某。后来，张某向王某索款时，王某拒不承认。

张某无奈起诉到法院，经法院委托有关部门鉴定笔迹，确认借条不是王某所写，故法院驳回了张某的诉讼请求。后该案经张某申诉到检察机关要求抗诉，人民检察院在审查后，认为有必要由公安机关侦查。后经侦查，王某承认借款属实，借条是其找别人仿照自己笔迹所写。

案例2：用语准确，避免歧义

李某借武某50000元，为武某出具借条一份。两个月后，李某归还5000元，遂要求武某把原借条撕毁，其重新为武某出具借条一份："李某借武某现金50000元，现还欠款5000元。"

这里的"还"字既可以理解为"归还"，又可以解释为"尚欠"。根据《民事诉讼法》相关规定"谁主张，谁举证"，武某不能举出其他证据证实李某仍欠其45000元，因而其权益不会得到保护。

案例3：借条无效案例——用途违法

任某听说走私香烟能赚大钱，其决定铤而走险。筹措资金时，任某将自己的打算向战友贾某和盘托出。贾某看在战友的情面上借出了8万元。结果，任某在推销香烟时被查获。贾某得知后，持借条把任某告上法庭。法院审理后作出民事制裁决定：驳回原告的诉讼请求；收缴用于非法贩卖香烟的借款8万元。

案例4：乳名签的借条能否认定无效

刘某因资金周转之需，曾向张三借款5万元，并出具了借条。刘某在借条中的"借款人"一栏中写的是其乳名"六月生"。鉴于双方为好友，当地群众也都知道"六月生"即刘某，张三没提出异议。可借款到期后，刘某却背信弃义地矢口否认曾经向张三借过款，并辩称"六月生"并非其本人。请问：刘某能否因此逃脱还款责任。

对于张三来说，可采取下列方式来证明借条与刘某之间的关系：一方面，通过当地群众证明"六月生"与刘某系同一身份；另一方面，申请司法文字鉴定，确认借条系刘某所写。

案例5：赌债还是借款

2007年9月11日，黄某书写了一份借条，载明："李某因生意资金周转困难向黄某借款 80000 元"。李某在此《借条》上签上自己的名字和居民身份证号码及借款日期并按上指印，之后，交由黄某收执。借款期限届满后，李某未还钱，黄某经多次催还借款未果，故诉至法院请求判决李某偿还借款。在诉讼中，李某否认借款事实，辩称《借条》上的 80000 元借款是李某欠黄某的赌债，赌债不受法律保护，请求法院驳回黄某的诉讼请求。

最高人民法院《关于民事诉讼证据的若干规定》第 3 条规定，当事人对自己提出的诉讼请求所依据的事实或者反驳对方诉讼请求所依据的事实有责任提供证据加以证明。没有证据或者证据不足以证明当事人的事实主张的，由负有举证责任的当事人承担不利后果。本案中，这 8 万元到底是借款还是赌债？在立有借据事实面前，李某要法院认证其是赌债，就得举证，证明 80000 元是在什么情况下写的，要有人证和物证。如果是被迫写下的，李某在被迫写下巨款欠条后是否到当地警方报了案，报案要有当地警方的报案证明，并有警方调查的情况说明。但李某并没有人证、物证和警方报案等举证，故要承担举证无能的责任。至于赌债是否受法律保护，只要李某有充足证据证明 80000 元是赌债，并得到法院的采信，那赌债肯定不受法律保护。

任务十　大事记的写作

任务描述

大事记是党政机关、企事业单位、社会团体记载自己重要活动或自己辖区发生的重大事件的一种应用文体，是一种具有纪实性和历史资料性的文件。

本任务要求了解大事记的适用范围、特点和分类，掌握大事记的结构和写作要求，能够制作大事记。

任务布置

张娜的一项重要工作就是制作大事记，她每月要对当月大事进行梳理记录。因为张娜的大事记录完整、连贯，所以很好地反映了本单位的工作动态。为此，领导专门在会上表扬了张娜，并要求办公室秘书人员一定要练好制作大事记这项基本功。

相关知识

资源库教学资料：《大事记的制作》

一、大事记的适用范围

大事记可以为本地区、本部门的工作总结、工作检查、工作汇报、工作统计和上级机关掌握情况提供系统、轮廓性的材料，具有史料价值，起到录以备查的作用。

二、大事记的特点

（一）纪实性

是本单位历史事实的记录。

（二）简要性

表达只用概括叙述方式。

（三）连贯性

一般按时间顺序系统记录重要事宜，内容前后连贯，可构成一个单位的编年史大纲。

三、大事记的分类

按制文机关职权范围分为世界大事记、全国大事记、地区大事记、部门大事记、单位大事记。

按制文机构性质分为党政组织大事记、国家行政机关大事记、社会团体大事记、企业和事业单位大事记。

按记载内容、性质不同分为综合性大事记、专题性大事记。

按时间跨度不同分为贯通古今大事记、断代大事记、年度大事记、季度大事记、每月大事记、每旬大事记、每周大事记、每日大事记。

四、大事记的结构

大事记由标题和正文构成。

（一）标题

标题有四种写法：

（1）制文单位+事由+文种，如《三替公司改革发展大事记》。

（2）制文单位+文种，如《三替公司大事记》。

（3）事由+文种，如《企业改革大事记》。

（4）制文单位+时间+文种，如《三替公司2016年大事记》。

（二）正文

正文一般包括时间和事件。分条记述，每条独立成段，先标明具体日期，然后记下当时发生的大事。大事主要包括以下内容。

（1）党和国家方针政策贯彻执行所产生的重大反响和出现的重大问题。

（2）机构设置、体制变动、重要人事调动，如任免、离退休等机构和组织变动情况。

（3）重要会议和重大活动。

（4）上级到本地区、本部门参加重大活动，或检查、指导工作并作出重大决策或重要部署、指示等。

（5）本地区、本部门的重要工作或重大事件。

（6）其他重要动态和需要记载的大事。

例文1

××市人民政府大事记（2019年3月）

1日，市委副书记、市长×××主持召开十四届市人民政府第37次常务会议……

20日上午，市政府召开重点工业企业、减停产企业及挂钩联系企业座谈会。……

22日，市委副书记、市长×××召开项目会办会，对接部分重大续建（停工缓建）项目，一季度未按期开工项目集中"过堂会审"，现场解决项目"肠梗阻"，全力谋划，力推重大项目早开工、快开工，迅速形成有效投资。

24日，市委副书记、市长×××率队调研我市部分重点投资项目推进情况。

26日，市委、市政府召开全市市容环境整治提升行动工作电视电话会议。……

28日上午，市委举行2019年市委理论学习中心组第二次集中学习。……

29日上午，××××产业园暨××市2019年一季度重点项目集中开工仪式在××××产业园举行。……

例文 2

省政府大事记二〇一七年十二月

十二月一日

△今天，××新区召开党工委委员（扩大）会议。省委常委、副省长，××新区党工委书记、管委会主任××主持会议并讲话。

△下午，省十二届人大常委会第三十三次会议在×××闭幕。省人大常委会党组书记、常务副主任×××主持会议并讲话。副省长×××列席会议。

△11月26日至今，国家教育督导检查组对我省34个县（市、区）进行了县域义务教育均衡发展国家督导检查。副省长×××出席反馈会议并讲话。

△晚上，全省安全生产暨消防安全大排查大整治电视电话会议在×××召开。副省长×××出席会议并讲话。

十二月二日

△12月1日至今，省长×××主持召开省政府学习宣传贯彻党的十九大精神专题工作会议。

……

五、大事记写作的要求

（1）要做到要事不漏，大事突出，无大事不记。

（2）应具备时间、地点、单位、人物和事实"五大要素"，事实脉络清晰，文字简洁精练。

（3）要写清年、月、日，甚至几时几分。时间准确无误，格式统一。

（4）要尊重客观真实。

（5）要随时记载，定期整理。

任务演练

请以月为单位制作一份班级（系部）的大事记。

自我评价

项目	评估内容	自我评价
认知层面	你了解什么是大事记了吗？	
	书写大事记时应注意什么？	
能力层面	你会制作大事记了吗？	
发展层面	逐步树立全局观念	
	培养从繁杂事物中明确重点的能力	

任务目标检测

一、单项选择题

1. 下列文种中属于事务文书的文种是（　　）。

A. 广告　B. 调查报告　C. 合同　D. 会议简报　E. 重要专题会议纪要

2. 下列文种不属于事务文书的是（　　）。

A. 计划与方案　B. 请示与报告　C. 总结与建议　D. 述职报告与竞聘演讲稿

3. 在凭证类条据表述中，下列说法错误的是（　　）。

A. 今领到　B. 今借到　C. 学院负责同志　D. 今收到

4. 计划的核心部分内容是（　　）。

A. 目的和依据　B. 目标和任务　C. 措施和步骤　D. 执行希望

5. 总结的"成绩和做法"部分的写作，在内容上强调（　　）。

A. 背景　B. 事实和数据　C. 指导思想　D. 有关政策

6. 在单位内部，或是在某项工作、某次重要会议中，用以沟通信息、交流经验、反映情况、指导工作的一种期刊式常用文书是（　　）。

A. 简报　B. 通报　C. 调查报告　D. 总结

7. 有关述职报告的表达准确的是（　　）。

A. 述职报告主要是述职者对本单位情况的总结

B. 述职报告主要是述职者对自己履行岗位职责情况的总结

C. 述职报告成功与否，主要取决于述职报告本身的写作好坏

D. 写述职报告首先要做大量的社会调查

二、多项选择题

1. 计划的正文一般包括（　　）。

A. 目的和依据　B. 目标和任务　C. 经验和教训　D. 措施和步骤　E. 今后打算

2. 总结的主要内容包括（　　）。

A. 基本情况　B. 指导思想　C. 成绩和做法　D. 经验和教训　E. 今后打算

3. 简报是统称，以下属于简报名称的是（　　）。

A.《××简讯》

B.《××动态》

C.《××通讯》

D.《故事新编》

4. 对外使用条据对财物的写作要求是（　　）。

A. 阿拉伯数字可以只用小写

B. 数字前不留空白

C. 金钱要写明金额，必须用大写

D. 物品要写明名称、规格、数量

5. 以下关于法定公文和事务性文书的区别，理解正确的是（　　）。

A. 法定公文的实用性不如事务性文书

B. 法定公文相较于事务性文书涉及的面广泛

C. 法定公文相较于事务性文书要求严格

D. 法定公文一般都需要标明发文字号，并需要在秘密等级、紧急程度上加以区分，而事务性文书则一般没有这方面的要求。

6. 大事记的标题主要有哪些形式？（　　）。

A. 由编制单位名称、事由和文种构成

B. 由编制单位和文种构成

C. 由事由和文种构成

D. 由编制单位、时间和文种构成

7. 调查报告主体部分可以采用哪些结构？（　　）。

A. 横向式结构

B. 纵向式结构

C. 纵横结合式结构

D. 乱序结构

8. 调查报告的种类有（　　）。

A. 新生事物的调查报告

B. 典型经验的调查报告

C. 揭露问题的调查报告

D. 反映社会基本情况的调查报告

9. 大事记按记载内容分，有（　　）。

A. 政治大事记

B. 专题性大事记

C. 追记性大事记

D. 文教大事记

10. 从实现机关工作规范化、增强发文权威性的角度来说，计划可以使用哪些称谓？（　　）

A. 规划

B. 纲要

C. 方案

D. 打算

11. 述职报告的正文包括（　　）。

A. 标题

B. 前言

C. 主体

D. 结尾

三、简答题

1. 请谈谈计划与总结的关系。

2. 撰写调查报告应注意哪些事项？

学习情境四　规章制度类文书的写作

任务一　行政法规类文书的写作

任务描述

行政法规类文书主要有条例、规定、办法和细则等。

本任务要求了解行政法规类文书的适用范围、特征和种类，掌握行政法规类文书的结构和写作要求，能够区分不同种类的行政法规类文书的异同。

任务布置

张娜在书写各种文书的时候，经常要查找各种相关的文件依据，她发现这些文件有的是法律，有的是条例、规定、办法、细则。这些文件之间到底是什么关系呢？你能帮张娜理一理吗？

相关知识

一、条例的写作

（一）适用范围

条例是国家权力机关或行政机关依照政策和法令制定并发布的，针对政治、经济、文化等各个领域内的某些具体事项作出的，比较全面系统、具有长期执行效力的法规性公文。条例是法的表现形式之一。

（二）条例的特征

1. 内容的重要性

条例是国家机关为控制或调整国家生活中某些方面的准则而使用的立法性手段，是基本法律制定以前的单项法规，又是制定以后，贯彻实施之前的具体化、细则化，从而保证基本法律的具体实施。条例的内容往往是有关国家政治、经济、科技、文化、教育等领域的重大事项。

2. 时效的稳定性

条例一经颁布实施，在相当长的时间内，对其所涉及的对象行为起到约束的作用。

3. 制发的严格性

其制发者必须是国家权力机关或行政机关以及受这些机关委派的组织。企事业单位的职能部门，党派团体不能用条例行文。这就从行文的源头上保证了条例的权威性、约束力。条例在颁布前，可以有一个试行的阶段。经过试行以后，加以修改充实，作为正式文件颁布施行，成为在一定范围内具有法规性和约束力的文件。

4. 执行的强制性

条例是根据宪法和法律制定的，具有法的效力，是从属于法律的规范性文件，具有强制作用以及严格的约束力，人人必须遵守，如果违反，就要承担一定的法律后果。

（三）条例的种类

从管辖权限角度，条例可分为直接颁发性条例和批准颁发性条例，《政府投资条例》为国务院直接颁发条例，《中国共产党党内法规制定条例》由中共中央授权中共中央办公厅颁发。

从内容角度，条例可分为事项性条例，规定机关、团体的资质和职权的条例。如《政府投资条例》规范了政府投资活动。

（四）条例的结构

条例一般由标题、签署、正文构成。

1. 标题

条例的标题写法通常有三种形式。

（1）制发单位＋内容（或适用对象）＋文种（条例）。

（2）内容（或适用对象）＋文种（条例），如《政府投资条例》。

由于一些条例需要完善，因此可以在文种前加上"暂行""试行"等字样，如《快递暂行条例》。

2. 签署

所谓签署，实际上是在条例的标题下标注条例通过的时间、会议和公布的日期、施行的日期等。具体可见例文。

3. 正文

条例的正文结构，分为总分式结构和条目式结构。条例的正文由总则、分则、施行说明三部分构成。

（1）总则。一般应写明制定和发布条例的法律、政策依据，交代制定本条例的原因、目的，说明条例所涉及对象的有关范围。紧接着以承启用语"特制定本条"过渡到下文。

（2）分则。这是条例的主体部分，其内容有长有短，要视条例的具体内容而定，但有一个共同点，即条例的条规要有"条"有"例"。"条"是从正面阐述条例的条文，讲明"做什么，不该做什么"。"例"是从反面加以说明，即做不到怎么处理。"条"和"例"的结构顺序一般是前"条"后"例"。

（3）施行说明。其是指实施条例的具体要求和注意事项。一般应包括条例的生效时间、解释、修改与废止的权限，适用的其他范围，以及与其他文件的相关事宜等。

例文

中华人民共和国国务院令

第712号

《政府投资条例》已经2018年12月5日国务院第33次常务会议通过，现予公布，自2019年7月1日起施行。

总理　李克强

2019年4月14日

政府投资条例

第一章　总　则

第一条　为了充分发挥政府投资作用，提高政府投资效益，规范政府投资行为，激发社会投资活力，制定本条例。

第二条　本条例所称政府投资，是指在中国境内使用预算安排的资金进行固定资产投资建设活动，包括新建、扩建、改建、技术改造等。

第三条　政府投资资金应当投向市场不能有效配置资源的社会公益服务、公共基础设施、农业农村、生态环境保护、重大科技进步、社会管理、国家安全等公共领域的项目，以非经营性项目为主。

国家完善有关政策措施，发挥政府投资资金的引导和带动作用，鼓励社会资金投向前款规定的领域。

国家建立政府投资范围定期评估调整机制，不断优化政府投资方向和结构。

……

第二章 政府投资决策

第八条 县级以上人民政府应当根据国民经济和社会发展规划、中期财政规划和国家宏观调控政策，结合财政收支状况，统筹安排使用政府投资资金的项目，规范使用各类政府投资资金。

……

第三章 政府投资年度计划

第十五条 国务院投资主管部门对其负责安排的政府投资编制政府投资年度计划，国务院其他有关部门对其负责安排的本行业、本领域的政府投资编制政府投资年度计划。

县级以上地方人民政府有关部门按照本级人民政府的规定，编制政府投资年度计划。

……

第五章 监督管理

第二十七条 投资主管部门和依法对政府投资项目负有监督管理职责的其他部门应当采取在线监测、现场核查等方式，加强对政府投资项目实施情况的监督检查。

项目单位应当通过在线平台如实报送政府投资项目开工建设、建设进度、竣工的基本信息。

……

第六章 法律责任

第三十二条 有下列情形之一的，责令改正，对负有责任的领导人员和直接责任人员依法给予处分：

……

第七章 附 则

第三十七条 国防科技工业领域政府投资的管理办法，由国务院国防科技工业管理部门根据本条例规定的原则另行制定。

> **第三十八条** 中国人民解放军和中国人民武装警察部队的固定资产投资管理，按照中央军事委员会的规定执行。
>
> **第三十九条** 本条例自2019年7月1日起施行。

二、规定的写作

（一）适用范围

规定是规范性文件中使用范围最广、使用频率最高的文种。主要是对一些局部、具体的工作进行规范。它是领导机关或职能部门对特定范围内的工作和事务制订相应措施，要求所属部门和下级机关贯彻执行的法规性公文。其具有较强的约束力，内容细致，可操作性较强。

（二）规定的特征

（1）针对性强。规定是对某项工作或某项活动进行规范，对象具体、明确，不像条例那样往往对重大事项做出原则性规定。

（2）有法定约束力。一经公布，有关人员都必须遵照执行。

（3）使用广泛。既可以是国家机关使用，又可以是基层单位使用；既可以用于制定长期的规范，也可以用于阶段性工作规范；既可以用于较为全面、重大的事项，也可以用于具体一般事项。发文单位级别可高可低，规范对象范围可大可小，时效可长可短，可直接发布，也可用通知形式发布。

（三）规定的种类

（1）政策性规定。即按照有关法律法规条文制定某些政策规范。如《国务院关于在线政务服务的若干规定》。

（2）管理性规定。即组织在各自的管理权限范围内就某一工作做管理要求。如《北京市人民政府关于加强垃圾渣土管理的规定》《北京市道路交通事故简易程序处理规定》。

（3）实施性规定。为实施法律法规而制定的相关规定，与原法律法规同时使用。如《关于贯彻〈中华人民共和国药品管理法〉的有关暂行规定》。

（4）补充性规定。当法律法规文件内容原则性较强，或出现新情况、新问题时，应制定补充性规定。如《北京市社区矫正实施细则的补充规定》。

（四）规定的结构

规定一般由标题、签署、正文三部分构成。

1. 标题

（1）制发单位+内容（或适用对象）+文种，如《国务院关于在线政务服务的若干规定》。

（2）内容（或适用对象）+文种（条例），如《事业单位工作人员申诉规定》。

2. 签署

所谓签署，实际上是在规定的标题下标注的规定通过的时间、会议和公布的日期、施行的日期等。具体可见例文。

3. 正文

一般由总则、分则和附则构成。有总分式结构和条目式结构两种。

（1）总则。一般应写明制定和发布规定的法律、政策依据，交代制定本规定的原因、目的，说明规定所涉及对象的有关范围。

（2）分则。这是规定的主体部分，包括规定的实质性内容和要求具体执行的依据。不同类型的规定，写法也不一致。

（3）附则。一般包括规定的生效时间、解释、修改与废止的权限，适用的其他范围，以及与其他文件的相关事宜等。

例文1

中华人民共和国国务院令

现公布《国务院关于在线政务服务的若干规定》，自公布之日起施行。

总理　李克强

2019年4月26日

国务院关于在线政务服务的若干规定

第一条　为了全面提升政务服务规范化、便利化水平，为企业和群众（以下称行政相对人）提供高效、便捷的政务服务，优化营商环境，制定本规定。

第二条　国家加快建设全国一体化在线政务服务平台（以下简称一体化在线平台），推进各地区、各部门政务服务平台规范化、标准化、集约化建设和互联互通，推动实现政务服务事项全国标准统一、全流程网上办理，促进政务服务跨地区、跨部门、跨层级数据共享和业务协同，并依托一体化在线平台推进政务服务线上线下深度融合。

一体化在线平台由国家政务服务平台、国务院有关部门政务服务平台和各地区政务服务平台组成。

……

第十五条 本规定下列用语的含义：

（一）电子签名，是指数据电文中以电子形式所含、所附用于识别签名人身份并表明签名人认可其中内容的数据。

（二）电子印章，是指基于可信密码技术生成身份标识，以电子数据图形表现的印章。

（三）电子证照，是指由计算机等电子设备形成、传输和存储的证件、执照等电子文件。

（四）电子档案，是指具有凭证、查考和保存价值并归档保存的电子文件。

第十六条 本规定自公布之日起施行。

例文2

关于公布《北京市道路交通事故简易程序处理规定》
（修订）的通告

按照《北京市实施〈中华人民共和国道路交通安全法〉办法》第六十五条"对当事人依法可以自行协商解决或者交通警察可以当场处理的交通事故，公安机关交通管理部门应当制定具体范围标准，并向社会公布"的规定，北京市公安局公安交通管理局制定了《北京市道路交通事故简易程序处理规定》，并向社会公布后于2005年9月1日实施。根据2018年5月1日起实施的《道路交通事故处理程序规定》（公安部令第146号），北京市公安局公安交通管理局对《北京市道路交通事故简易程序处理规定》进行了修订，现予以公布，自2018年8月15日起实施。

特此通告

附件：北京市道路交通事故简易程序处理规定

北京市公安局公安交通管理局
2018年7月25日

附件

北京市道路交通事故简易程序处理规定

第一条 为保障本市道路交通有序、安全、畅通，缓解因道路交通事故造成的交通堵塞，提高通行效率，方便群众，维护广大交通参与者和道路交通事故当事人的合法权益，根据《中华人民共和国道路交通安全法》《中华人民共和国道路交通安全法实施条例》《道路交通事故处理程序规定》和《北京市实施〈中华人民共和国道路交通安全法〉办法》，结合本市道路交通事故处理工作实际，制定本规定。

……

第十七条 车辆在道路以外通行时发生的事故，公安机关交通管理部门接到报案的，参照本规定办理。

第十八条 本规定自2018年8月15日起施行。2005年8月8日《关于公布〈北京市道路交通事故简易程序处理规定〉的通告》(2005年第73号)同时废止。

2018年7月25日

（五）条例与规定的不同

（1）制发机关不同。条例是国家领导机关和权力机关制发的，规定可以由任何机关、社团、企事业单位制发。

（2）内容不同。条例是国家领导机关和权力机关对政治、经济、文化等重大事项做出的原则性规定；规定用于对某一事项或活动制订出明确具体的行为规范，可操作性强。

三、办法的写作

（一）适用范围

办法是有关机关或部门根据党和国家的方针、政策及有关法律、法规、规定，就某一方面的工作或问题提出具体做法和要求的文件，是介于条例、规定和细则之间的一种规定性文书。

从结构上而言，办法由首部和正文两部分组成。

（二）办法的特征

（1）具体性。办法是对某一事项提出的具体办法和要求，内容详细。

（2）操作性。办法对某一工作或活动的实施提出具体要求，包括采取什么措施、按照什么程序执行等。

(3) 广泛性。办法适用于各级党政机关、企事业单位、社会组织。

(三) 办法的种类

根据内容、性质的不同，办法可分为实施文件办法和工作管理办法两种。

实施文件办法，是为贯彻落实法律、法规、条例或规定而制定的，是对原文件的具体化。如《〈北京市森林资源保护管理条例〉实施办法》。

工作管理办法，是行政管理部门对一些法律没有涉及的具体工作所做的安排。如《快递业务经营许可管理办法》。

(四) 办法的结构

办法一般由标题、签署、正文三部分组成。

1. 标题

(1) 制发单位 + 内容（或适用对象）+ 文种，如《北京市特困人员救助供养实施办法》。

(2) 内容（或适用对象）+ 文种，如《快递业务经营许可管理办法》。

2. 签署

所谓签署，实际上是在办法的标题下标注的办法通过的时间、会议和公布的日期、施行的日期等。具体可见例文。

3. 正文

一般由总则、分则和附则组成。有总分式结构和条目式结构两种。

(1) 总则。一般应写明制定和发布办法的法律、政策依据，交代制定本办法的原因、目的，说明办法所涉及对象的有关范围。

(2) 分则。这是办法的主体部分，按照一定顺序逐条列出具体方法、步骤和要求。

(3) 附则。一般包括办法的生效时间、解释、修改与废止的权限，适用的其他范围，以及与其他文件的相关事宜等。

例文

快递业务经营许可管理办法

第一章 总 则

第一条 为了规范快递业务经营许可管理，促进快递业健康发展，根据《中华人民共和国邮政法》《中华人民共和国行政许可法》《快递暂行条例》等法律、行政法规，制定本办法。

……

第二章　申请与受理

……

第三章　审查与决定

……

第四章　许可管理

……

第五章　监督检查

……

第六章　法律责任

……

第七章　附　则

第三十六条 本办法自 2019 年 1 月 1 日起施行。交通运输部于 2009 年 9 月 1 日以交通运输部令 2009 年第 12 号公布，2013 年 4 月 12 日以交通运输部令 2013 年第 4 号、2015 年 6 月 24 日以交通运输部令 2015 年第 15 号修改的《快递业务经营许可管理办法》同时废止。

四、细则的写作

（一）适用范围

细则也称实施细则，是有关机关或部门为使下级机关或人员更好地贯彻执行某一法令、条例和规定，结合实际情况，对其所做的详细的、具体的解释和补充。细则一般由原法令、条例、规定的制定机构或其下属职能部门制定，与原法令、条例、规定同时使用，其目的是堵住原条文中的漏洞，使原条文发挥出具体入微的工作效应。

（二）细则的特征

（1）补充性和辅助性。细则是对某项法律、条例、规定和办法进行的解释和说明，目的是补充原文书的不足，有利于其贯彻执行。

（2）操作性强。法律、法规和条例的原则性较强，操作性弱，细则对有关法律、法规、规章的基本概念进行界定，规定具体适用的标准及执行程序，从而使主体规范性文件具有更强的操作性。

（3）规范性。细则是对法律、法规和规章的补充说明或辅助性的规定，自然具有法律、法规、规章的规范特点。

（三）细则的种类

（1）整体性实施细则。其是职能部门对立法机关或行政机关制定的有关法规做出全面的实施性说明。

（2）部分性实施细则。部分性实施细则是对某一部分条款提出实施性意见。

（四）细则的结构

细则一般由标题、正文组成。

1. 标题

细则的标题写法通常有两种形式。

（1）法规名称+文种。如《北京市施行〈中华人民共和国车船使用税暂行条例〉的细则》。

（2）内容+文种。如《顺义区加快科技创新促进科技成果转化实施细则》。

2. 正文

一般由总则、分则和附则组成。有总分式结构和条目式结构两种。

（1）总则。一般应写明制定和发布细则的法律、法规、政策等依据，交代制定本细则的原因、目的，说明办法所涉及对象的有关范围。

（2）分则。这是细则的主体部分，按照一定顺序逐条列出具体方法、步骤和要求。

（3）附则。一般应包括细则的生效时间、解释、修改与废止的权限，适用的其他范围，与其他文件的相关事宜等。

例文

北京市顺义区人民政府
关于印发《顺义区加快科技创新促进科技
成果转化实施细则》的通知

顺政发〔2019〕9号

各镇人民政府，地区和街道办事处，区政府各委、办、局，各区属机构：

《顺义区加快科技创新促进科技成果转化实施细则》已经2019年2月27日第

89次区政府常务会议审议通过，现印发给你们，请结合各自实际，认真贯彻执行。

北京市顺义区人民政府
2019年3月11日

顺义区加快科技创新促进科技成果转化实施细则

第一章 总 则

第一条 为加快科技创新，促进科技成果转化，充分发挥科技对经济社会的支撑引领作用，助力构建高精尖经济结构，结合我区实际，制定本细则。

第二条 顺义区科学技术委员会为本细则的组织、实施单位，负责项目的征集、评审、资金拨付、监督管理等工作。

第三条 除第六条，第七条第二、三款外，各类项目的申报主体应为本区登记注册纳税的企事业单位。

……

第四章 项目的监督与管理

……

第五章 附 则

第二十五条 本细则自发布之日起实施，试行三年。《北京市顺义区人民政府关于印发顺义区科学技术奖励办法的通知》（顺政发〔2013〕28号）和《北京市顺义区人民政府关于印发顺义区增强自主创新能力加快科技成果转化奖励办法的通知》（顺政发〔2013〕29号）同时废止。

任务演练

思考条例、规定、办法、细则四类文书的区别。

自我评价

项目	评估内容	自我评价
认知层面	你了解什么是条例、规定、办法、细则了吗？	
	条例、规定、办法、细则有哪些种类？	
	条例、规定、办法、细则分别包括哪几部分？	
能力层面	条例、规定、办法、细则的适用范围有什么不同？	
发展层面	行政法规类文书在社会生活中有什么作用？	

任务二　章程类文书的写作

任务描述

章程是组织、社团经特定的程序制定的关于组织规程和办事规则的法规文书，是一种根本性的规章制度。

本任务要求了解章程类文书的适用范围、特点和种类，掌握章程类文书的结构，能够书写简单的章程类文书。

任务布置

办公室的一个重要职责就是规章制度的建设，每过一段时间就要对现有的规章制度进行整理，对规章制度进行废止、修改，并根据需要制定新的规章制度。所以，张娜需要了解章程类的文书有哪些，它们之间有什么不同。

相关知识

一、适用范围

章程有组织章程和业务章程之分。组织章程适用于组织、社团制定组织规程；业务章程适用于单位在行使业务职权时制定规则。

从实践来看，组织章程用得较多，业务章程与组织章程的共同点也比较多，以下着重介绍组织章程的特点和写作。

二、章程的特点

（1）内容纲领性强。章程规定一个组织的组织规程和办事规则，具有纲领的性质。它属下所有组织和成员都得承认和共同遵守它。组织章程是该组织的最高准则，该组织的一切活动，都必须遵循这个章程，体现这个章程的基本精神。

（2）通过合法程序制定。章程一定要通过合法的程序制定，才能要求属下所有组织和成员认可和遵守。通常先成立起草小组拟出草案征求意见，再由该组织的最高级会议——代表大会通过，成为正式章程。这一点一般在标题下边就要标明，这是它有法定的权威、有法定约束力的主要原因。

（3）用条款方式说明。一般文书以说明为主要表达方式。为了讲明事情真相，有时也用议论。条文表达，断裂行文，是章程表达方面最突出的特点。

三、章程的结构

（一）标题

组织章程的标题，一般由组织或社团名称加文种构成。标题下面，写明什么时间由什么会议通过，加上括号。有关组织的代表大会通过了，就算正式章程。如果是尚未经代表大会通过的，需在标题末尾加上"草案"字样。

（二）正文

章程的内容全用条文表达。较多的情况是，用章条式排列，以显示各层次之间的关系。

章程正文包括总则、分则和附则三部分。

总则又称总纲，从总体说明组织的性质、宗旨、任务和作风等。

分则规定：（1）成员，包括成员条件、权利、义务和纪律；（2）组织，包括全国组织、地方组织、基层组织、代表大会、理事会、常务理事会、专业小组、名誉职务；（3）经费，包括经费来源和使用管理等。

附则，附带说明制定权、修改权和解释权等。

四、写作要求

（一）内容完备

章程的内容包括社团名称、宗旨、任务、组织机构、会员资格、入会手续、会员权利义务、领导者的产生和任期、会费的缴纳和经费的管理使用等。必要的项目要完备，既要突出特点，又要照顾全面。

（二）结构严谨

全文由总到分，要有合理的顺序。分则部分，一般是先讲成员，再讲组织；先讲全国组织，再讲地方组织，最后讲基层组织；先讲对内，后讲对外。要一环扣一环，体现严密的逻辑性，使章程成为一个有机的统一体。章程的条款，要完整和单一。一条表示一个意思，不要把一个完整的意思拆成几条，弄得零零碎碎；也不要把几个意思合在一条之中，交叉杂乱。这样才便于执行，便于引用。

（三）明确简洁

章程要特别强调明确简洁。要反复提炼，言简意赅。章程用断裂行文法，用条文表达，句与句、段与段之间有一定的跳跃性。

例文

北京××××科技有限公司章程

第一章 总 则

第一条 依据《中华人民共和国公司法》(以下简称《公司法》)及有关法律、法规的规定,由×××,××× 二人共同出资,设立北京××××科技有限公司(以下简称公司),特制定本章程。

第二条 本章程中的各项条款与法律、法规、规章不符的,以法律、法规、规章的规定为准。

……

第八章 附 则

第二十五条 公司登记事项以公司登记机关核定的为准。

第二十六条 本章程一式二份,并报公司登记机关一份。

全体股东亲笔签字……

任务演练

请收集组织章程和业务章程各一份,分析其结构和内容的异同。

自我评价

项目	评估内容	自我评价
认知层面	你了解什么是章程了吗?	
	章程有哪些种类?	
	章程包括哪几部分?	
能力层面	你能撰写较为简单的章程吗?	
	你能否发现不规范的章程中的问题?	
发展层面	章程有什么样的作用?	

任务三 制度的写作

任务描述

制度类文书主要有制度、规则、守则、规程、须知等。

任务布置

最近局里要开展规范化管理的工作,要求办公室制定人员管理、文书档案管理、会议管理、印章管理等方面的相关制度。解决以往存在的没有制度、制度过时、制度间冲突、有制度不执行等问题,以提高工作的效率和效能。

相关知识

一、制度的写作

(一)制度适用范围

制度,是国家机关、社会团体、企事业单位,为了维护正常的工作、劳动、学习、生活的秩序,保证国家各项政策的顺利执行和各项工作的正常开展,依照法律、法令、政策而制定的具有指导性与约束力的应用文。

制度的使用范围非常广泛,党政机关、社会团体、企事业单位都可以制定。

(二)制度的特点

(1)指导性和约束性。制度对有关人员的工作具有指导和约束作用,规定相关人员做什么以及如何做,同时也明确相关人员不做什么,以及违背后应受到的惩罚。

(2)规范性和程序性。制度是依法制定的,对工作的规范化、管理的科学化发挥了重要作用。

(三)制度的分类

(1)岗位性制度。适用于某一岗位上的长期性工作,所以有时制度也称"岗位责任制"。如《办公室人员考勤制度》《机关值班制度》。

(2)法规性制度是对某方面工作制定的带有法令性质的规定,如《职工休假制度》《差旅费报销制度》。

(四)制度的结构

1. 标题

(1)适用对象+文种,如《保密制度》《档案管理制度》。

(2)单位名称+适用对象+文种构成,如《清华财务管理制度》。

2. 正文

制度的正文有多种写法。

(1)分章列条式(章条式)。即将规章制度的内容分成若干章,每章又分成若干条。第一章是总则，中间各章是分则，最后一章是附则。

总则一般包括原则性、普遍性、共同性的内容。主要内容有：制定依据、制定目的（宗旨）和任务、适用范围、有关定义、主管部门（该项有时也可视具体情况置于分则或附则中）。

分则总则之后的具体内容。通常按事物间的逻辑顺序，或按各部分内容的联系，或按工作活动程序以及惯例分条列项，集中编排。表述奖惩办法的条文也可单独构成罚则或奖罚则，作为分则的最后条文。

附则的主要内容有施行程序与方式，有关说明（该文书与其他文书之间的关系、规定附件的效用、数量以及不同文字文本的效用等），施行日期。

（2）条款式。这种规章制度只分条目不分章节，适用于内容比较简单的规章制度。一般开头介绍条款缘由、目的、要求等，相当于分章列条式的总则，主体部分分条列出制度的具体内容。最后一条相当于分章列条式的附则。

例文

公司人事管理制度

第一章 总 则

第一条 公司人事管理的主管部门为企管部，对上向主管经营的副总经理负责，对下由人力资源主管负责日常事务。

公司的部门设置、人员编制、企管部经理的任免、去留及晋级由总经理负责。

公司总经理、副总经理、总经理助理的任免、去留事项由董事会负责。

第二条 企管部有关人事管理的职责如下：

……

第十一章 附 则

第六十三条 本制度由企管部制定，董事会批准后执行。

第六十四条 如有未尽事宜，可由董事会另行补充规定，修改时亦同。

第六十五条 本制度由企管部负责解释。

二、规则的写作

（一）规则适用范围

规则适用于对某一具体事项或活动进行规范，以保证其顺利开展。规则的制发者往往是一些职能部门。

（二）规则的特点

（1）专门性。规则是专门就某一事项或活动制定的，使用范围较小，如《中国共产党纪律检查机关监督执纪工作规则》《北京市人民政府工作规则》。

（2）操作性。规则针对某一具体事项或活动，内容比较详细具体，具有很强的操作性。

（3）制约性。规则在其适用范围内具有强制性和约束力，要求有关人员必须遵守。

（三）规则的结构

1. 标题

（1）适用对象+文种，如《中国共产党纪律检查机关监督执纪工作规则》。

（2）单位名称+适用对象+文种构成，如《北京市人民政府工作规则》。

2. 正文（同制度结构）

三、守则的写作

（一）守则的适用范围

守则是指某一社会组织或群体在自觉自愿的基础上，经过充分的讨论、达成一致意见后制定的行为准则，一般包括文明公约、爱国卫生公约、乡村公约。多采用通篇分条式写法。守则是国家机关、人民团体、企事业单位为了维护公共利益，向所属成员发布的一种要求自觉遵守的约束性公文。

（二）守则的特点

1. 概括性

守则的篇幅一般比较短小。内容往往是一些道德、价值观念方面的要求。多是基本原则，不过多涉及具体事项。如《北京市轨道交通乘客守则》《营业员工作守则》。

2. 约束性

虽然守则不具有法律效力，但是具有教育作用和约束力。

(三）守则的结构（同前）

例文

北京市轨道交通乘客守则

第一条　为加强本市轨道交通运营安全管理，保障运营秩序，为乘客创造安全、便捷、和谐的乘车环境，依据《北京市轨道交通运营安全条例》等规定，制定本守则。

第二条　凡进入本市轨道交通各车站出入口、通道、站厅、站台和列车车厢的人员，均应遵守本守则。

第三条　乘客应遵守《北京市城市轨道交通车票使用规则》购票乘车，禁止使用伪造、变造票卡。

……

第十九条　乘客应自觉遵守本守则。违反本守则的，运营单位有权采取制止、劝离或者拒绝提供服务；违反法律法规的，应当依法移送交通部门或者公安部门处理。

第二十条　本守则自2019年5月15日起施行。

任务演练

（1）请收集规定、规则、守则各一篇。

（2）规定、规则、守则之间有什么异同点？对工作起到什么样的作用？

自我评价

项目	评估内容	自我评价
认知层面	你了解什么是规定、规则、守则了吗？	
	制度、规则、守则分别包括哪几部分？	
能力层面	你能起草简单的制度吗？	
发展层面	制度和条例、规定等行政性法规有什么不同？	

任务目标检测

一、选择题

1. 下面属于规章制度文书的文种有（　　）。

A. 章程、条例　　　B. 规定、办法

C. 准则、细则　　　D. 标准、规程、规范

E. 制度、守则、公约、须知

2. 各政党、社会团体制定的规定本组织宗旨、性质、任务、机构、成员的权利和义务等内容的文书是（　　）。

A. 条例　　B. 章程　　C. 规定　　D. 规则

3. 某一社会组织或群体在自觉自愿的基础上，经过充分的讨论、达成一致意见后制定的行为准则和道德规范是（　　）。

A. 公约　　B. 章程　　C. 条例　　D. 守则

4. 规章制度的引言一般要写明制定文件的（　　）。

A. 目的依据　　B. 基本内容　　C. 生效时间　　D. 解释权

5. 规章制度如果是暂行或试行的，应注明在（　　）。

A. 标题　　B. 题注　　C. 正文　　D. 落款

6. 用章条式撰写规章制度类文书，一般（　　）。

A. 总则只设一章，附则也只设一章

B. 总则设若干章，附则只设一章

C. 总则设若干章，附则也设若干章

D. 总则只设一章，附则设若干章

二、写作题

根据你在学校学习的情况，书写一份学生社团活动规则。

学习情境五　社交礼仪文书

任务一　请柬与邀请函的写作

任务描述

请柬是邀请宾客参加某种活动时所使用的一种书面形式的通知。一般用于联谊会，友好交往的各种纪念活动、婚宴、诞辰或重要会议等，发送请柬是为了体现所举行活动的隆重性。请柬通常也称作请帖。请柬和邀请函都是邀请类文书，邀请函比较朴实，内容也较详备，更具工作性、事务性；而请柬多用于喜庆活动。

本任务要求了解请柬和邀请函的适用范围、种类，掌握请柬和邀请函的格式和写作要求，能够制作请柬和邀请函。

任务布置

中国有句古话是"有朋自远方来，不亦乐乎"，××××年××月××日，局里要在北京××宾馆召开全国范围内本行业的专家研讨会，张娜需要准备邀请函并发送给相关专家和领导。请帮助张娜制作邀请函。

资源库教学资料：《请柬的制作》

一、请柬的适用范围

凡是召开各种会议，举行各种典礼、仪式和活动，均可以使用请柬。请柬根据其内容不同，可分为活动请柬和会议请柬等。

二、请柬的格式

请柬从形式上又分为横式写法和竖式写法两种。竖式写法是从右边向左边写。从内容上看，请柬作为书信的一种，有其特殊的格式要求。随着信息技术的发展，目前很多人使用电子请柬，虽然载体有变化，但是基本要素和传统请柬是一样的。

请柬一般由标题、称呼、正文、结尾、落款五部分构成。

（一）标题

单柬帖，"请柬"二字写在顶端第一行居中，字体较正文稍大；双柬帖（折叠式）封面印上或写明"请柬"二字。一般要做一些艺术加工，文字可采用名家书法、字面烫金或加以图案装饰等。通常情况下，请柬已按照书信格式印制好，发文者只需填写正文即可。

（二）称呼

顶格写对方的姓名或名称，如"××先生""××女士""××单位""××教授""××主任"等，敬称表示对对方的尊敬。称呼后要加上冒号。

（三）正文

称谓下一行空两格书写正文，要写清楚活动内容，如开座谈会、联欢晚会、生日派对、国庆宴会、婚礼、寿诞等。写明时间、地点、方式。如果是请别人看戏或其他表演还应将入场券附上。若有其他要求也需注明，如"请准备发言""请准备节目""请穿晚礼服"等。如需乘车、乘船，应交代到达路线和有无专人接站等。

（四）结尾

结尾一般要写"敬请光临""恭候莅临""敬请出席""敬请光临指导"等请语。请语的位置，一种是在正文后另起一行，顶格或空两格、四格书写均可；另一种是将"敬请、恭候"这个表示己方行为的词居右书写，将"光临、莅临"这个表示对方行为的词另起一行顶格书写，以示恭敬。

（五）落款

写在下方由发柬者署名。以单位名义邀请的具单位名称并盖单位公章，以示郑重。以领导人名义发出的请柬，由领导人签署，以表诚意。另起一行注明邀请日期，最好用汉字大写，以示庄重。

例文

```
                        请    柬

    谨定于_____年_____月_____日下午_____时在_____
举行宴会,欢迎_____能源研究所高级工程师_____先生及其
夫人光临。
    如不能出席,请赐复为盼

                                            _____谨订(主人)
                                              ××××年××月××日
```

三、请柬写作的注意事项

(1) 请柬主要是表明对被邀请者的尊敬,同时也表明邀请者对此事的郑重态度,所以邀请双方即便近在咫尺,也必须送请柬。凡是比较隆重的喜庆活动,邀请客人均以请柬为准,切忌随便回头招呼,顾此失彼。

(2) 请柬是邀请宾客用的,所以在纸质、款式和装帧款式设计上,要注意其艺术性,做到美观、大方。一帧精美的请柬会使人感到愉快和亲切。制作请柬一般用红纸或较为鲜艳的彩色纸,封面可用花边、图案等装饰,以示喜庆和对被邀请者的尊敬。

(3) 请柬篇幅有限,书写时应根据具体场合、内容、对象认真措辞。语言要精练、准确。时间、地点、人名等一些关键性词语一定要核实。

(4) 请柬要在合适的场合发送。一般来说,举行重大的活动,对方又是宾客参加,才能发送请柬。寻常聚会或活动性质极其严肃、郑重,对方不作为客人参加时,不应发请柬。

(5) 请柬语言庄重雅致。文字要美观,用词要谦恭,行文应达、雅兼备,充分表现出邀请者的热情与诚意。

(6) 正文中涉及具体时间时用"时"代替"点",如"12点"的"点"宜写成"时",这都是为了表示庄重、喜悦和亲切。

四、请柬与邀请信(函)的异同

邀请信是邀请亲朋好友或知名人士、专家等参加某项活动时所发的请约性书信。它是现实生活中常用的一种日常应用写作文种。在国际交往以及日常的各种社交活动中,这类书信使用较广泛。在应用写作中邀请信是非常重要的。

请柬和邀请函都是邀请类文书，都可以作为参加活动的凭证。措辞上都要求礼貌恭敬、简洁得体。格式、内容也基本相同。

两者的不同之处主要有以下两点。一是正式程度上：请柬优于邀请函，请柬更具礼仪色彩；二是使用范围上：邀请函比较朴实，内容也较详备，更具工作性、事务性；而请柬多用于喜庆活动。

例文

从前沿语言学理论到汉语国际教育应用
——汉语国际教育语境下的句式研究与教学
专题研讨会邀请函

尊敬的李先生/女士：

为进一步满足第二语言教学对汉语句式研究的迫切需要，促进语法研究新成果向国际汉语教学应用的转化，××××××学院拟于××年8月20日在北京语言大学举办"汉语国际教育语境下的句式研究与教学专题研讨会"。鉴于您在第二语言研究领域的丰厚学术成果，诚邀您出席并发表鸿文，嘉惠学林。

有关会议安排如下：

一、会议时间：××××年8月20—22日

二、会议地点：北京语言大学图书馆五层

三、会议主旨：

……

四、会议议题：

……

五、会议议程：

……

六、会议通信地址：

七、往返交通……

联络人及联系方式

电话：××××××　　　　　e-mail:×××××××@×××

××××研讨会筹备组

××××年××月××日

任务演练

请帮张娜起草一份会议邀请函，所需具体信息自拟。

自我评价

项目	评估内容	自我评价
认知层面	你了解什么是请柬和邀请函（信）了吗？	
	请柬和邀请函有哪些异同？	
能力层面	你能写请柬和邀请函（信）了吗？	
发展层面	请柬和邀请函在人际沟通中有什么作用？	

资源库拓展资料：《如何制作电子请柬》

任务二　聘书的写作

任务描述

聘书是用人单位用来聘请有关人员担任某一职务或承担某项工作时所使用的一种专用文书。

本任务要求了解聘书的适用范围、掌握聘书的格式和写作要求，能够书写聘书。

任务布置

在最近要举办的研讨会上，将要向五位专家颁发特聘专家证书，请这些专家负责××企业评估指标的制定。这些专家分别在院校、研究员、企业等地工作，张娜需要为每一位专家制作聘书。

相关知识

资源库教学资料：《聘书的制作》

一、聘书的适用范围

组织希望扩大影响或是想聘用专业人才的情况下都可以向相关人员发放聘书。

二、聘书的格式

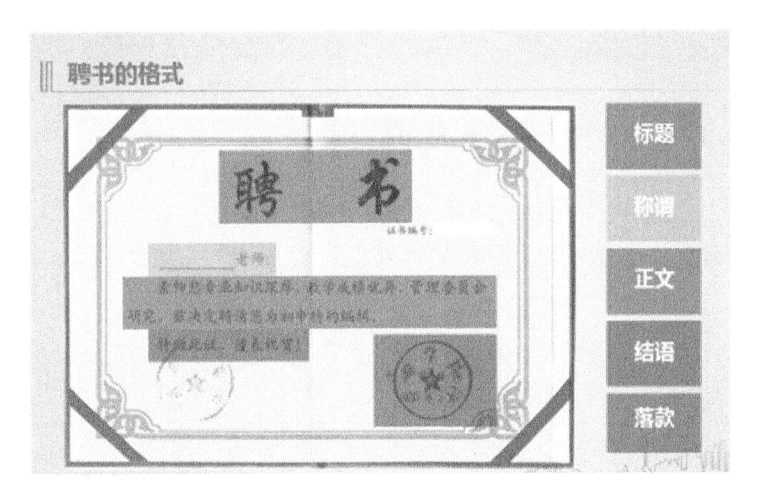

聘书一般由标题、称谓、正文、结语、落款五部分构成。聘书根据形式不同，可以分为书信式（文章式）和填写式（印刷式）两种。

（一）标题

居中写，也可单独占一页，写"聘书"或"聘请书"字样。

（二）称谓

另起一行顶格写受聘人的姓名，并带上职务（或职称）等头衔，如"××先生（女士）等；也可在正文中写明受聘人的姓名和称呼，如"兹聘请××先生（女士）……"。

（三）正文

写明聘请的原因和目的。一般包括以下内容。

（1）简介聘请的原因、具体工作或担任职务。

（2）聘任期限。要写明具体的聘任期限，如"聘期自××××年××月××日至××××年××月××日""聘期一年"等。

（3）聘任待遇。这项内容既可直接体现在聘书上，也可另附详尽文本，还可另行确定。

（4）最后对被聘者提出希望，使受聘者明白自己的职责。

（四）结语

在正文下另起一行空两格写"此聘""此致"等，也可省略。

（五）落款

以单位名义发出的，在结语右下方书写聘请单位的名称，加盖公章，在聘请单位下写上日期；以个人名义发出的，直接写上自己的职务和姓名。

例文1

聘　书

×××先生：

敬聘您为我校名誉教授。盼指导我校××专业的研究和教学工作。聘期一年。此聘

××××大学（盖章）

××××年×月×日

例文2

例文3

三、聘书写作的注意事项

（1）郑重严肃，内容清楚。对聘请的内容要交代清楚。

（2）书写整洁大方、美观。如果是手写，要注意字迹工整，表达对被聘者的尊敬。

（3）简洁明了，谦虚诚恳。

（4）以单位名义发出的，一定要加盖公章，方为有效。

任务演练

请协助张娜制作要发给专家的聘书。

自我评价

项目	评估内容	自我评价
认知层面	你了解什么是聘书了吗？	
能力层面	你能写聘书了吗？	
发展层面	聘书在工作过程中有什么作用？	

任务三　欢迎词的写作

任务描述

欢迎词指行政机关、企事业单位、社会团体或个人在公共场合欢迎友好团体或个人来访时致辞的讲话稿。

本任务要求了解欢迎词的适用范围、特点和种类，掌握欢迎词的格式和写作要求，能够书写欢迎词。

任务布置

局里主办的全国研讨会马上就要召开了，此次会议的一项重要内容是作为主办方代表的局长要致欢迎词。张娜作为秘书需要为局长起草一份欢迎词。张娜需要好好琢磨一下这次会议的宗旨、背景，前来参会的人员情况，争取在短时间内定稿。"磨刀不误砍柴工"，张娜先细细学习了欢迎词写作的相关知识。

相关知识

资源库教学资料：《欢迎词的制作》

一、欢迎词的适用范围

欢迎词广泛适用于行政机关、企事业单位、社会团体或个人在公共场合欢迎友好团体或个人来访。

二、欢迎词的种类

根据欢迎词表达方式的不同，欢迎词从表达方式上可分为现场讲演欢迎词、私人交往欢迎词和公事往来欢迎词三种。

（1）现场讲演欢迎词。一般是由欢迎人在被欢迎人到达时在欢迎现场口头发表。

（2）私人交往欢迎词。私人交往欢迎词一般是在个人举行大型的宴会、聚会、茶会、舞会、讨论会等非官方的场合下使用的欢迎稿。通常要在正式活动开始前进行。私人交往欢迎词通常具有很大的即时性、现场性。

（3）公事往来欢迎词。这种欢迎词一般在较庄重的公共事务中使用。要有事先准备好的得体的书面稿，措辞上的要求较私人交往欢迎词更正式和严格。

三、欢迎词的特点

（1）欢愉性。中国有句古话是"有朋自远方来，不亦乐乎"，所以致欢迎词时要有一种愉快的心情，言辞务必富有激情，表现出致词人的真诚，给人一种"宾至如归"的感觉，为下一步活动的举行奠定良好基础。

（2）口语性。欢迎词本意是现场向宾客表示欢迎，所以要用口语化的欢迎词，既简洁又富有生活情趣，能拉近主人同来宾的关系。

四、欢迎词的格式

欢迎词写作比较自由，根据不同的场合、气氛，可以采取不同的形式和风格。较为庄重的公共交流事务，都要有事先准备好的书面稿。

欢迎词一般由标题、称呼、正文和落款四部分组成。

（一）标题

标题写法一般有三种：

（1）以文种命名，如《欢迎词》。

（2）致辞者＋致辞场合＋文种，如《陈国总经理在欢迎福州考察团招待会上的致辞》。

（3）致辞者＋致辞对象＋文种，如《李欣校长致玛丽中学访问团师生的欢迎词》。

（二）称呼

称呼要写在开头顶格处，应使用敬语。对上级可用"尊敬的""尊贵的"，对平级或下级可用"亲爱的"等，如果对象是多人，要注意顺序，位尊者称谓要排在前面。

（三）正文

欢迎词的正文一般由开头、主体和结尾三部分组成。

（1）开头。开头通常应说明现场举行的是何种仪式，发言者代表什么人向哪些来宾表示欢迎。可根据具体情境即兴发挥，表达欢迎之意。

（2）主体。这部分内容应该是因人而异，因事而异的。如果是公务或商务领域的致辞，往往要阐述和回顾宾主双方在共同的领域所持的共同的立场、观点、目标、原则等内容，较具体地介绍来宾在各方面的成就及在某些方面做出的突出贡献，同时要指出来宾本次到访或光临对宾主友谊及合作交流所具有的现实意义和历史意义。

（3）结尾。祝愿对方此行愉快或活动取得圆满成功，表达自己对今后合作的美好祝愿，并再次表示欢迎。

（四）落款

欢迎词的落款要署上致辞单位名称，致辞者的身份、姓名，并署上成文日期，标题中已说明致辞者的，此处可不署名。

五、欢迎词写作的注意事项

欢迎词是出于礼仪的需要而使用的，因此需要注意以下几点。

（1）称呼要用尊称，感情要真挚，要比较得体地表明自己的原则立场。

（2）措辞要慎重，切勿信口开河，同时要注意尊重对方的风俗习惯，应避开对方的忌讳，以免发生误会。求同存异，注意分寸。

（3）语言要精确、热情、友好、温和、礼貌。情感愉悦，尽量口语化。

（4）篇幅短小，言简意赅。

（5）立意新颖，角度巧妙。

例文

幼儿园迎新生欢迎词

尊敬的家长朋友，亲爱的小朋友们：

你们好！欢迎你们加入××实验幼儿园樱桃一班这个"大家庭"，很高兴认识你们。相信我们在今后的生活和学习中会成为很好的朋友，我们真诚欢迎你们的到来。

幼儿园是一个美丽的新世界。这里有喜欢你的老师，和你一起游戏的小伙伴。还有各种有趣好玩的玩具等着你！相信你们肯定会沉浸在这有趣的集体生活中，体验到幼儿园的快乐！新学期开始了，我们将和你们一起生活。可爱的小宝贝们，可能你暂时还不习惯幼儿园的生活，没关系！老师会像妈妈一样关心你们、照顾你们；老师会给你们讲好听的故事、会带你们做好玩的游戏、会教给你们许多知识……对了！你在幼儿园里还会认识许多朋友。在这个快乐的集体里，我们一起学习、生活、游戏、交往、参观……在这些丰富而有趣的活动中，你们会更加快乐，也会变得越来越聪明能干、活泼健康、自信且富有创造力。

家长朋友们，谢谢您放心地将宝贝儿交给我们，我们会用爱心、耐心和细心关爱每一个孩子，让他们在你我之间健康、快乐地成长。同样，我们也真诚地希望在今后的日子里，能得到您的大力支持和配合，为幼儿共建一个轻松愉快的学习、生活氛围。

让我们一起手拉手，共建和谐快乐的樱桃一班吧！

相关知识

资源库教学资料：《李欣部长在新员工培训会上的欢迎词》

任务演练

请根据任务布置中的相关情况草拟一份欢迎词，具体内容自拟。

自我评价

项目	评估内容	自我评价
认知层面	你了解什么是欢迎词了吗？	
能力层面	你能写欢迎词了吗？	
发展层面	写好欢迎词需要哪些方面的能力？	

任务四　欢送词的写作

任务描述

欢送词是行政机关、企事业单位、社会团体或个人在公共场合欢送友好团体回归或亲友出行时致辞的讲话稿。

本任务要求了解欢送词的适用范围、种类和特点，掌握欢送词的格式和写作要求，能够书写欢送词。

任务布置

局里为了提高干部的综合素质，选拔了一批年轻、有潜力的干部到国外进行短期深造学习，临行前局长召集这些干部开了个欢送会，并在会上致辞。请问如何书写这份欢送词？

资料库教学资料：《欢送词》

相关知识

一、欢送词的适用范围

欢送词的适用范围很广泛，可以用于党政机关、企事业单位、其他社会组织或个人举办的参观访问、政务和商务会议、茶会、酒会、重大庆典等大型公关社交场合，也可用于亲友远行、学生毕业、老兵退伍、客人辞行等常见的情境中。

二、欢送词的种类

根据表达方式不同，欢送词可分为现场讲演欢送词和报刊发表欢送词两种。

根据社交的公关性质不同，欢送词可分为私人交往欢送词和公事往来欢送词两种。

三、欢送词的特点

（一）惜别性

正如古诗所说"相见时难别亦难"，欢送词是表达对亲朋远行时的依依惜别之情的。格调不可过于低沉，尤其是公共事务的交往更应把握好分别时所用言辞的分寸。

（二）口语性

同欢迎词一样，口语性也是欢送词的一个显著特点。遣词造句应注意使用生活化语言，使送别既富有情趣又自然得体。

四、欢送词的格式

欢送词一般由标题、称呼、正文和落款四部分组成。

（一）标题

标题写法一般有三种：

（1）以文种命名，如《欢送词》。

（2）致辞者＋致辞场合＋文种，如《陈国总经理在欢送福州考察团会议上的致辞》。

（3）致辞者＋致辞对象＋文种，如《李欣校长致玛丽中学访问团师生的欢送词》《王××在××研讨会结束典礼上的讲话》。

（二）称呼

称呼要写在开头顶格处，应使用敬语。对上级可用"尊敬的""尊贵的"，对平级或下级可用"亲爱的"等，如果对象是多人，要注意顺序，位尊者称谓要排在前面。如"亲爱的×××大学各位同人"。

（三）正文

欢送词的正文一般由开头、主体和结尾三部分组成。

1. 开头

开头通常说明此时在举行何种欢送仪式，发言人是以什么身份代表哪些人向宾客表示欢送的。

2. 主体

欢送词在主体部分要回顾和阐述双方在合作或访问期间在哪些问题和项目上达成了一致的立场、取得了哪些突破性进展，陈述本次双方的合作和交流给双方所带来的益处，阐述其深远的历史意义。私人欢送词还可表达双方在合作期间彼此友谊的加深、增进以及分别之后的思念之情。若为朋友送行，还可加上一些勉励的话。

3. 结尾

通常在结尾处再次向来宾表示真挚的欢送之情，并表达期待再次会面或合作的意愿。如果是亲朋远行，则要表达希望早日团聚的惜别之情。

（四）落款

欢送词在落款处要署上致辞的单位名称，致辞者的身份、姓名，并署上成文日期。

五、欢送词写作的注意事项

（1）称呼用尊称、注意宾客身份，致辞要恰到好处，感情要真挚、诚恳而且要健康。

（2）措辞要慎重，切勿信口开河，要尊重对方的风俗习惯，以免发生误会。

（3）语言要精确、热情、友好、温和、礼貌。

（4）要言简意赅，篇幅不宜过长。欢送词也是一种礼节性的社交公关辞令，要短小精简，这样更宜于表现主人对客人的尊重。

例文

欢送词

各位亲爱的同学、老师们：

首先，我代表学校，对×××老师这三个多月来对我校三、四年级的英语教学工作所付出的一切表示充分的肯定！对×××老师暂时离开我校、回到长江大学继续深造，我们将会进行默默的关注！同时我们也对×××老师今后的工作和成长表示深深的祝福！

又是一年冬天悄然来到，但我们四（二）班教室里却充满生机和希望。在这里我们有更多的期待，更多的盼望。我们盼望着×××老师所执教的学生健康、快乐地成长，我们期待着×××老师在今后的成长道路上带着在×××小学工作的热情和友情创造无数人生辉煌。

明天，×××老师就要离开×××小学了，在这即将分别的时刻，我们依依不舍。虽然大家相处的时间是短暂的，但我们之间的友情却是长久的。我国有句古语：来日方长，后会有期。希望×××老师常回来看看，常联系、多交流，让我们及时分享你人生精彩的点点滴滴。

最后，祝×××老师一路顺风，万事如意！

×××
××××年××月××日

任务演练

假如你是办公室主任，要在欢送某省考察团的欢送会上致辞，请你书写一份欢送词，细节自拟。

自我评价

项目	评估内容	自我评价
认知层面	你了解什么是欢送词了吗？	
能力层面	你能写欢送词了吗？	
发展层面	你下一步的努力方向是什么？	

任务五　贺词的写作

任务描述

贺词是党政机关、企事业单位、社会团体或个人向其他集体组织或个人就某项已经取得成功的工作、事业表示祝贺的言辞或文章。电报形式的贺词称为贺电。

本任务要求了解贺词的适用范围、种类和特点，掌握贺词的结构和写作要求，能够书写贺词。

任务布置

新年即将来临，张娜根据领导的安排起草了一份新年贺词，向全体工作人员及退休的工作人员致以新春问候。这份贺词应当如何写呢？

资源库教学资料：《贺词的制作》

相关知识

一、贺词的适用范围

贺词的适用范围很广泛，可以用于党政机关、企事业单位、其他社会组织或个人举办活动或取得成绩时，也可以在过年过节发送祝福时使用。

二、贺词的种类

（一）以祝贺对象分

（1）祝贺寿诞。祝贺寿诞的主要对象是老年人。

（2）祝贺事业。事业成功的祝贺涉及范围极广：会议结束时贺其圆满结束；展览会结束时贺其已取得预期成果；某人考入大学时，贺其金榜题名；公司开业、银行开张、报刊创刊、社团纪念等均可贺其已取得的成就，祝其今后发展顺利。

（3）祝贺婚嫁。既要贺新婚，又要祝新人今后婚姻和谐美满。

（4）祝贺酒宴。酒宴上的祝词、贺词，是对赴宴宾客表达一种祝福和庆贺。

（5）祝贺节日。如《新春贺词》。

（二）从表达形式上分

1. 现场即席致辞祝贺

在较为随意、轻松的场合可以即兴表示祝贺；在公共事务场合下，为庄重严肃起见，应按事先拟好的祝贺词发言。

2. 信函电传祝贺

祝贺人无法到场祝贺时，可以用书信的方式祝贺，也可以拍发电报、传真或用电子邮件来表示祝贺。

（三）按作者类型分

国家贺词、单位贺词、个人贺词。

三、贺词的特点

（一）喜庆性

贺词是在喜庆的场合对祝贺对象的一种真诚的祈颂祝福和良好心愿的表达，因此喜庆性是贺词的基本特点。在措辞上要体现出一种喜悦、美好之情。

（二）体裁的多样性

贺词无须拘泥于某种文体，可以根据祝贺对象的具体情况采用合适贴切的文章体裁。既可以用一般的应用文体，也可以采用诗、词、对联等其他文体。

四、贺词的结构

（一）标题

标题写法一般有四种：

（1）以文种命名，如《贺信》《贺词》。

（2）致辞者+文种，如《×××县人民政府贺信》。

（3）受贺对象+祝贺内容+文种，如《致××大学建校70周年的贺信》。

（4）致辞者+受贺对象+祝贺内容+文种，如《×××县人民政府致××大学建校70周年的贺信》。

（二）称呼

称呼写在开头顶格处，写明受贺对象的姓名。一般要在姓名后加上称呼或有关的职务、头衔，以示敬重，如"尊敬的王欣先生"。

（三）正文

正文一般由三部分构成。

（1）向受辞方致意，要说明自己代表何人或向受辞方及其某项事业表示祝贺。

（2）概括评价受辞方已取得的成就。

（3）展望未来美好前景，并再次向受辞方表示衷心的祝贺。

（四）落款

落款处应当署上致辞单位名称或致辞人姓名，最后还要署上成文日期。也可以不写落款。

五、贺词的注意事项

（1）祝词、贺词要求热情洋溢，充满喜庆，满怀诚意地表达自己的良好祝愿。

（2）多用褒扬、赞美、激励之词，但千万不可滥用美词，以免有阿谀奉承之嫌。

任务演练

请草拟一份面向退休老教师的新年贺词。

自我评价

项目	评估内容	自我评价
认知层面	你了解什么是贺词了吗？	
能力层面	你能写贺词了吗？	
发展层面	你下一步的努力方向是什么？	

任务六　感谢信的写作

任务描述

感谢信是对支援、帮助、关心过自己的党政机关、企事业单位、社会团体或个人表示感谢的专用书信。

本任务要求了解感谢信的适用范围、种类，掌握感谢信的结构和写作要求，能够书写感谢信。

任务布置

最近局里举办了一次全国性的研讨会，许多单位给予了大力协助，局领导要求办公室起草一份感谢信发到各协助单位。请帮助张娜写一封感谢信。

相关知识

资料库教学资料：《感谢信的制作》

一、感谢信的适用范围

感谢信广泛适用于个人与个人之间、个人与组织之间、组织与组织之间，用以向给予过自己帮助、关心和支持的个人或组织表示感谢。

二、感谢信的种类

（一）从感谢对象的特点来分

（1）给集体的感谢信。这类感谢信，一般适用于个人因有困难而受到集体的帮助，使自己成功渡过难关，走出困境时。

（2）给个人的感谢信。这类感谢信，可以是个人，也可以是单位集体为了表达某个人曾给予的帮助、照顾而写的。

（二）从感谢信的形式上来分

（1）公开张贴的感谢信。这种感谢信包括登报、电台广播，或电视台播报的感谢信等。

（2）寄往单位或个人的感谢信。这种感谢信直接寄给单位或个人。

三、感谢信的结构

感谢信由标题、称呼、正文、落款四部分构成。

（一）标题

标题的写法一般有三种：

（1）以文种命名，如《感谢信》。

（2）受文单位+文种，如《致×××县人民医院的感谢信》。

（3）发文者+受文对象+文种，如《×××致××人民医院的感谢信》。

（二）称呼

称呼写在开头顶格处，要求写明被感谢的机关、单位、团体或个人的名称或姓名，然后加上冒号。

（三）正文

感谢信的正文从称呼下移一行空两格开始写，要求写上感谢的内容和感谢的心情。应分段写出以下几个方面：

1. 感谢的事由

精练地叙述事情的前因后果，叙述对方的好品德、好作风。叙述时要交代清楚人物、事件、时间、地点、原因和结果，尤其要叙述关键时刻对方对自己的关心和支持。

2. 揭示意义

在叙事的基础上指出对方的关心支持和帮助对整件事情成功的重要性以及体现出的可贵精神，同时表明向对方学习的态度和决心。

3. 结语

结语要写上敬意和感谢的话，如"此致敬礼""致以诚挚的敬意"等。

（四）落款

落款处应当署上致辞单位名称或致辞人姓名，最后署上成文日期。

四、感谢信的写作要求

（1）感谢信的正文务必写清得到了哪些帮助，这些帮助又产生了哪些效果。

（2）叙述事件时，要准确无误地叙述时间、地点，发生事件的其他详细情况。有时别人在做好事帮助他人时，可能自己并不在意，所以详细的叙述就显得尤其必要。

（3）感谢信以感谢为主。感谢应真诚、朴素，表达谢意时要符合实际，说到做到。同时，感谢时要照顾到感谢对象的身份、年龄、性别、学历修养等情况，以使自己的感谢恰到好处，切实可行。

（4）感谢信在语言上的要求是精练、简洁，遣词造句要把握好度，不可过分雕饰、华丽多彩，否则会给人一种虚伪之感。在篇幅上不可太长，所谓话不在多，点到为止。

任务演练

请写一封感谢信，具体细节自拟。

自我评价

项目	评估内容	自我评价
认知层面	你了解什么是感谢信了吗？	
能力层面	你能写感谢信了吗？	
发展层面	你下一步的努力方向是什么？	

任务七　慰问信的写作

任务描述

慰问信是党政机关、企事业单位、社会团体或个人对工作中做出巨大贡献、取得优异成绩或遭遇天灾人祸、蒙受重大损失的集体或个人表示安慰、问候、鼓励和关切的专用书信。

本任务要求了解慰问信的适用范围、种类和特点，掌握慰问信的格式，能够书写慰问信。

任务布置

每年8月1日建军节前夕，局里都要向现役军人家属发送慰问信，今年起草慰问信的任务落到了张娜头上，请问张娜起草慰问信时要注意什么？需要提前做哪些工作？

相关知识

资源库资料：《慰问信的制作》

一、慰问信的适用范围

慰问信广泛适用于个人与个人之间、个人与组织之间、组织与组织之间。

二、慰问信的种类

（一）根据慰问对象的特点来分

（1）表彰性的慰问。这类慰问主要针对那些承担艰巨任务、做出巨大贡献甚至牺牲的，或取得了突出成绩的先进个人或集体，如"慰问抗洪抢险的解放军战士""慰问保家卫国的边防军人""慰问春节期间仍坚守岗位的铁路工人"等。通过慰问，鼓励他们戒骄戒躁，继续前进。

（2）安慰性的慰问。这类慰问通常是针对那些由于某种原因（如车祸、火灾、地震、暴雨等）而暂时困难或蒙受了巨大损失的集体或个人。对他们表示同情和安慰，鼓励他们克服暂时的困难进而更加努力地工作，以期尽早改变现状。

（3）节日慰问。在重要的节日时，如元旦、春节、国庆节、建军节、教师节等，党政机关、企事业单位对群众或特定人员进行慰问。

（二）根据慰问信的存在形式来分

（1）公开张贴的慰问信。这种慰问信包括登报、电台广播，或电视台播报的慰问信等。

（2）寄往单位或个人的慰问信。这种慰问信直接寄给单位或个人。

三、慰问信的特点

（一）发文的公开性

慰问信通常是以张贴、登报，在电台、电视上播放的形式出现的，也可以直接寄给本人。

（二）情感的沟通是慰问信的一个深层基础

慰问是通过或表达崇敬之情，或表达关切之意的方式来实现双方的情感交流和相互理解的。节日的慰问，尤其是为某一群体而设的节日的慰问，更是起着相互沟通情感的作用。

（三）采用书信体的格式

四、慰问信的结构

慰问信由标题、称呼、正文、落款四部分构成。

（一）标题

慰问信的标题写法一般有以下三种：

（1）以文种命名，如《慰问信》。

（2）受文对象+文种，如《致全省广大教师和教育工作者的慰问信》。

（3）发文者+受文对象+文种，如《人力资源社会保障部致全国技工教育和职业培训教师的慰问信》。

（二）称呼

称呼要写在开头顶格处，要求写明被慰问的机关、单位、团体或个人的名称或姓名，然后加上冒号。

（三）正文

慰问信的正文从称呼下移一行空两格开始写，慰问的内容应分段写出以下几个方面：

（1）简要叙述因何事向对方写慰问信。开宗明义，表明写此信的目的是代表何人向何人（集体）表示慰问。如"2018年9月10日是我国第34个教师节。值此佳节到来之际，人力资源社会保障部向辛勤耕耘在全国技工教育和职业培训战线上的广大教师致以崇高的敬意、诚挚的问候和节日的祝贺！"

（2）慰问缘由或慰问事项。本部分要概括地叙述对方的先进思想，先进事迹，或战胜困难、舍己为人、不怕牺牲的可贵品德和高尚风格；或简要叙述对方所遭受的困难和损失，以示发信方对此关切的程度。要表现出发信方的钦佩或同情之情。

（3）结尾。结尾表示共同的愿望和决心。

（四）落款

慰问信的落款要署上发文单位或发文个人的称呼，并在署名右下方署上成文日期。

五、慰问信的注意事项

（1）要向对方表示出无限亲切、关怀的感情。

（2）要较全面地概括对方的可贵精神，并提出希望，勉励他们继续努力工作，刻苦奋斗，取得胜利。

（3）行文要诚恳、真切，措辞要恰当，篇幅要短小。

例文 1

人力资源社会保障部致全国技工教育和职业培训教师的慰问信

全国技工院校及职业培训机构教师们：

今年 9 月 10 日是我国第 34 个教师节。值此佳节到来之际，人力资源社会保障部向辛勤耕耘在全国技工教育和职业培训战线上的广大教师致以崇高的敬意、诚挚的问候和节日的祝贺！

技工教育是职业教育的重要组成部分，技工院校是培养高技能人才的摇篮。职业培训是提高劳动者技能水平和就业创业能力的重要途径，职业培训机构是落实劳动者终身职业技能培训制度的重要载体。党中央、国务院高度重视技工教育和职业培训工作，要求大力发展技工教育，大规模开展职业培训。近年来，全国技工院校以提高质量、促进就业、服务发展为导向，坚持高端引领、校企合作、多元办学、内涵发展，探索建立"校企双制、工学一体"的中国特色技工教育新模式。全国职业培训机构开展多种形式的职业技能培训，初步形成了面向全体劳动者的职业培训体系。技工教育和职业培训工作为推动我国经济社会发展和促进就业创业提供了坚强保障。这些成就的取得，离不开广大技工教育和职业培训教师的共同努力和无私奉献。你们不忘初心，牢记使命，爱岗敬业，教书育人，以高尚的品德、不倦的教诲、专业的知识、精湛的技能培养造就出一大批德技双馨、身心双健的高素质技能人才。你们辛苦了！

当前，中国特色社会主义进入新时代，经济发展新动能正在加速形成，成为实现高质量发展和促进就业创业的新引擎。技工教育和职业培训事业大有可为，技工教育和职业培训发展任重道远，广大教师要牢记使命，勤勉工作，奋发有为，不断推进工作取得新进展。希望你们进一步坚定理想信念，深入学习贯彻习近平新时代中国特色社会主义思想，积极引导学生热爱祖国、热爱人民、热爱中国共产党。希望你们进一步提升能力素质，牢固树立终身学习理念，注重理论联系实际，认真研究技能人才培养规律，不断提高教育教学成效，为建设知识型、技能型、创新型劳动者大军做出更大贡献！

最后，衷心祝愿全体教师节日快乐、身体健康、工作顺利、生活幸福！

人力资源和社会保障部
2018年9月6日

例文2

中组部致全国老干部老党员的慰问信

尊敬的各位老干部、老党员同志：

在隆重纪念中国共产党成立90周年之际，谨向你们致以亲切的问候和崇高的敬意！

90年波澜壮阔，90载成就辉煌。90年前，在中国人民为改变民族命运的斗争中，中国共产党应运而生。90年来，中国共产党团结带领全党全国各族人民前赴后继、英勇奋斗，取得了新民主主义革命的伟大胜利，建立了人民当家做主的中华人民共和国；确立了社会主义制度，实现了中国社会变革和历史进步的巨大飞跃；实行改革开放，开辟了中国特色社会主义道路，为中华民族伟大复兴打开了前所未有的光明前景。

悠悠岁月铭记着老同志们的奋斗足迹，光辉历史镌刻着老同志们的不朽功绩。在革命、建设和改革开放的不同时期，广大老干部、老党员在党的领导下，披肝沥胆、呕心沥血、攻坚克难、无私奉献，作出了重大贡献，留下了彪炳史册的功勋。回顾90年党的光辉历程，我们深切感到，没有广大老同志的长期英勇奋斗，就没有今天党和人民事业蓬勃发展的大好局面。广大老同志不愧是中华人民共和国的奠基者、社会主义事业的建设者、改革开放和社会主义现代化建设的开拓者。对你们的卓越功勋，党和人民永远不会忘记！

广大老干部、老党员是党和国家的宝贵财富。尊重、学习、关心、爱护老同志，是我们义不容辞的政治责任。我们要着眼于党的事业薪火相传，大力宣传老同志的历史功绩，传承老同志的崇高精神，接好老同志优良传统和革命精神的班，以高度的政治责任感和历史使命感做好工作，不断把党和国家的各项事业推向前进。我们将进一步贯彻落实中央关于政治上尊重、思想上关心、生活上照顾、精神上关怀老同志的方针政策，认真落实老同志各项待遇，健全党内激励、关怀、帮扶机制，以满腔热情、深厚感情为老同志办实事、做好事、解难事，努力为老同志老有所养、老有所医、老有所学、老有所教、老有所乐、老有所为创造良好条件。

当前，我国正处在全面建设小康社会的关键时期，深化改革开放、加快转变经济发展方式的攻坚时期。广大老干部、老党员是巩固党的执政基础的重要政治力量，是促进社会和谐的重要群体，是教育青少年、培养下一代的重要资源。党和国家事业的发展进步，离不开你们的支持、参与和奉献。衷心希望广大老干部、老党员始终做到政治坚定、思想常新、理想永存，充分运用自己的政治优势、经验优势、智力优势、威望优势，在落实科学发展观、加快转变经济发展方式中发挥推动作用，在开展创先争优活动、弘扬党的优良传统和作风中发挥示范作用，在加强和创新社会管理、培养教育下一代、构建社会主义和谐社会中发挥参谋作用，在加强党的执政能力建设和先进性建设中发挥促进作用，为党和国家各项事业的发展作出力所能及的新贡献！

凝心聚力创伟业，同心同德开新篇。让我们更加紧密地团结在以胡锦涛同志为总书记的党中央周围，以邓小平理论和"三个代表"重要思想为指导，深入贯彻落实科学发展观，为实现"十二五"发展的宏伟目标，夺取全面建设小康社会新胜利，开创中国特色社会主义事业的新局面而努力奋斗！

祝广大老干部、老党员阖家幸福、健康长寿、安度晚年！

中共中央组织部

2011年6月21日

任务演练

最近某山区发生了一次洪灾。洪水冲毁了将近50户村民的房屋，并且有10人死亡，5人受伤，请以其上级某县政府的名义写一封慰问信。

自我评价

项目	评估内容	自我评价
认知层面	你了解什么是慰问信了吗？	
能力层面	你能写慰问信了吗？	
发展层面	通过写慰问信，你发现了什么？	

任务八　开幕词的写作

任务描述

开幕词是在重要会议或重大活动开始时，为会议主持人或主要领导人讲话所用的文稿。开幕词通常要阐明会议或活动的性质、宗旨、任务、要求和议程安排等，集中体现了大会或活动的指导思想，起着定调的作用，对引导会议或活动朝着既定的正确方向顺利进行，保证会议或活动的圆满成功，有着重要的意义。

本任务要求了解开幕词的适用范围、特点和种类，掌握开幕词的结构，能够书写开幕词。

任务布置

年底，局机关召开了年度总结表彰大会，参加大会的有全体科级以上领导、受表彰的组织和个人。张娜作为会务人员的主要任务之一就是书写开幕词。

相关知识

资源库素材：《开幕词的制作》

一、开幕词的适用范围

在一些重要的大、中型会议开始时，通常都会由主要领导人宣讲开幕词。一般的会议可以使用口头开幕词，重要的会议要起草书面开幕词。

二、开幕词的特点

（一）具有宣告性

开幕词是会议的序曲，拉开会议序幕。最忌长篇累牍，言不及义，多使用祈使句，表示祝贺和希望。

（二）具有指导性

为大会奠定基调，指导会议按此基调进行。

（三）具有鼓动性

三、种类

根据内容不同，可以分为侧重性开幕词和一般性开幕词两种。侧重性开幕词往往是对会议召开的历史背景、重大意义或会议的中心议题等作重点阐述，其他问题一带而过。一般性开幕词则只对会议的目的、议程、基本精神、来宾等作简要概述。

四、开幕词的结构

开幕词由标题、称呼和正文三部分构成。

（一）标题

开幕词的标题写法一般有以下三种：

（1）以文种命名，如《开幕词》。

（2）致辞人+会议名称+文种，如《××主任在社团活动月启动会上的开幕词》。

（3）用提示内容中心或主旨的标题，在后面通常加上副标题。如《齐心协力开创新局面——××在2018年度表彰会上的开幕词》。

也可以在标题下署上致辞人的称呼和发言日期。

（二）称呼

称呼写在开头顶格处，根据会议的性质及与会者的身份来确定。如"同志们""各位代表""各位股东""先生、女士们"等，其后加冒号。

（三）正文

开幕词的正文从称呼下移一行空两格开始写。正文包括开头、主体和结语三部分。

（1）开头。说明三个问题，一是对与会者表示欢迎；二是说明大会的规模及与会者的情况；三是宣布会议开幕。当然，还可以预祝会议圆满成功。语气要热烈、诚挚。如"大家晚上好！今晚华灯璀璨，彩旗飞扬。我们在这里隆重举行××金融学院学生社团联合会第二届社团活动月开幕式，在这里，我谨代表××金融学院团委对各位嘉宾的到来表示热烈的欢迎和由衷的感谢，并预祝本届社团活动月开幕式取得圆满成功！"

（2）主体。致辞人要阐明会议的指导思想和重要意义，介绍会议的背景、筹备过程，向与会者提出要求，同时可向筹备会议者和提供协助者表示感谢。

（3）结语。重申会议的要求和任务，表示共同的愿望和决心，也可以"预祝会议圆满成功"结束。结语多用号召式语句，简短、有感染力。如"我希望，在院社联和各社团全体干部的共同努力下，通过本届社团活动月，能够为更好地提升我院形象，提高同学们的综合素质，营造浓厚的校园文化气氛，开创新局面做出更大的贡献！最后，我祝愿××金融学院学生社团联合会第二届社团活动月开幕式取得圆满成功！谢谢大家！"。

五、开幕词的注意事项

（1）开幕词要通俗易懂，逻辑性强，口语化。它的语言应该通俗、明快、上口。

（2）开幕词要简洁明了、短小精悍，最忌长篇累牍，言不及义，多使用祈使句，表示祝贺和希望。

（3）突出主体内容，为整个会议开好头。主体内容就是宣布开幕，简介议程，提出要求和号召。

例文1

辽宁桓仁满族自治县共青团第二十次代表大会的开幕词

尊敬的各位领导、各位代表、同志们：

大家好！

在全县上下高举邓小平理论和"三个代表"重要思想伟大旗帜，深入贯彻落实党的十六大和十六届三中、四中全会以及县委十四届四次全会精神，紧紧围绕"工业强县、旅游兴县、文化名县、生态立县"的发展思路，满怀豪情地投身到全面建设小康社会伟大实践的重要时刻，全县团员青年热切期盼的共青团桓仁满族自治县第二十次代表大会，今天隆重开幕了！

这次大会得到了县委、团市委的高度重视和亲切关怀。今天，县委、县人大、县政府、县政协和团市委领导以及有关方面的负责同志亲临大会，充分体现了党和政府及社会各界对青年一代的亲切关怀和对共青团工作的高度重视。在此，请允许我以大会的名义，向长期以来重视和关心共青团工作的各位领导，向关心和支持共青团工作的各界人士表示衷心的感谢！向在全县各条战线奋勇拼搏、无私奉献的广大团员青年、各级团干部和青少年工作者表示亲切的问候！这次大会对于全县各级团组织高举邓小平理论和"三个代表"重要思想伟大旗帜，全面贯彻党的十六届三中、四中全会及县委十四届四中全会精神，与时俱进、求真务实、开拓进取，团结带领团员青年为全面建设小康社会，推动我县县域经济发展和构建"和谐桓仁"宏伟目标而努力奋斗，具有深远的历史意义。会议期间，将听取和审议团第十九届委员会工作报告；选举产生共青团桓仁满族自治县第二十届委员会。

出席本次大会的代表共161名。他们来自全县各条战线，有在桓仁县域经济社会发展中做出突出贡献的先进青年代表，有在共青团岗位上辛勤工作、取得优异成绩的团干部和团员代表，有刻苦学习、勇攀高峰的青年知识分子和学生代表，有维护社会稳定的公安干警代表，有优秀的少先队工作者代表。本次团代会代表都是在广泛征求团内外意见，经过严格的民主程序选举产生的，具有广泛的先进性和代表性。我们相信，肩负着全县团员青年重托的全体代表一定会不负众望，以饱满的政治热情和认真负责的态度，充分发扬民主，切实履行职责，圆满完成大会预定的各项任务，把这次大会开成一个团结奋进、求真务实、开拓创新的大会，开成一个团结带领团员青年为桓仁全面建设小康社会、构建"和谐桓仁"宏伟目标奉献青春的动员大会。

各位代表、同志们，全面建设小康社会、构建"和谐桓仁"的宏伟目标，为我们绘出了新时期的宏伟蓝图，呼唤着全县各级共青团组织和广大团员青年勇于创新、不懈奋斗。我们要以这次大会为新的起点，在县委和团市委的正确领导下，与时俱进，求真务实，开拓创新，团结带领广大团员青年在我县改革开放和现代化建设的伟大实践中创造出辉煌的青春业绩。

最后，预祝大会圆满成功！

谢谢大家。

例文2

××学院学生社团联合会社团活动月开幕词

尊敬的各位领导、各位来宾，各位老师、同学们：

大家晚上好！今晚华灯璀璨，彩旗飞扬。我们在这里隆重举行××金融学院学生社团联合会第二届社团活动月开幕式，在这里，我谨代表××金融学院团委对各位嘉宾的到来表示热烈的欢迎和由衷的感谢，并预祝本届社团活动月开幕式取得圆满成功！

看到今晚的社团活动月开幕式现场气氛热烈，同学们踊跃参与，我感到由衷的欣慰。大学社团是建设和弘扬校园特色文化的一面重要旗帜，是加强校园文化建设的内在要求，是提高学生综合素质的重要途径。在我院升格为本科院校以来，学院各项事业迅速发展，办学质量不断提高。

　　综观我院各社团的发展情况，形势喜人。学术类社团能结合我金融院校特点，办出特色；实践类社团为同学们提供动手的平台，提高了实际操作能力；艺术类社团既展现了个性与才华，又使同学们的综合素质得到提高；体育类社团在增强同学们的体魄的同时，也为我院在省、市各级比赛中赢得骄人的荣誉。总之，我院各社团在建设校园文化，提升我院整体形象中发挥了积极的作用，带动了我院各项事业的快速发展。

　　在各社团的发展过程中，院学生社团联合会发挥了极其重要的作用。作为学院与社团之间联系的纽带和桥梁，社联起到了承上启下、协助社团共同发展的作用。一方面，使各社团内部的各项制度日趋完善，活动形式多样化，活动质量日益提高；另一方面，加强了各社团与校内其他部门、校外各兄弟院校的联系，增进与各大高校的社联及社团之间的交流和合作，充分宣传了我院社团的形象与特色。

　　目前，我院正处在高速发展的新时期，正在积极探索校园文化建设的新方向。我们将以此为契机，加强各社团的建设，增强凝聚力，为构建校园文化新体系而做出应有的贡献。

　　因此，本次社团活动月将以贯彻××省高校"一体两翼"精神为指导，以积极引导学生树立正确的社会主义荣辱观为核心，以营造我院良好的学术氛围为重点，以弘扬校园文化、构建校园文化新体系为方向。通过这次开幕式，可以让更多的同学了解本次活动月的内容，提高同学们的参与热情，为我院广大学生搭建一个锻炼和展示自我才华的舞台。

　　我希望，在院社联和各社团全体干部的共同努力下，通过本届社团活动月，能够为更好地提升我院形象，提高同学们的综合素质，营造浓厚的校园文化气氛，开创新局面做出更大的贡献！

　　最后，我祝愿××金融学院学生社团联合会第二届社团活动月开幕式取得圆满成功！

　　谢谢大家！

> **任务演练**

请根据下列背景资料起草一份开幕词。

资料：某小学召开新生欢迎会，邀请一年级全部新生和家长参加。今年的新生共有200名。该小学共有教师150名，是市重点小学，在教研教改、学生素质培养等方面取得了优异成绩。

> **自我评价**

项目	评估内容	自我评价
认知层面	你了解什么是开幕词了吗？	
能力层面	你能写开幕词了吗？	
发展层面	如何通过开幕词营造良好的会议气氛，使会议有个好的开端？	

任务九　闭幕词的写作

> **任务描述**

闭幕词与开幕词相对应，是在重要会议或重大活动闭幕时，由有关领导面向全体会议代表所做的总结性讲话文稿。一般情况下，致闭幕词的领导人与致开幕词的领导人不同，但地位相当。

本任务要求了解闭幕词的适用范围、特点，掌握闭幕词的结构，能够书写闭幕词。

> **任务布置**

张娜作为工作人员全程参与了局里举办的全国研讨会，后天会议就要闭幕了，张娜目前的任务是完成闭幕式上领导的发言稿。参加会议的共有20个参会单位，将近100名人员。会议分为三个阶段：第一个阶段是领导讲话及相关专家讲话；第二个阶段是专题分会场研讨；第三个阶段是研讨结果分享及闭幕式。这次会议是相关领域非常重要的一次会议，大家对目前本领域存在的重要问题和取得的成就进行了交流。

资源库素材：《闭幕词的写作》

相关知识

一、闭幕词的适用范围

在一些重要的大、中型会议闭幕时,由领导人对会议进行评价和总结。要对整个会议做出评价,合理肯定会议产生的重大成果,并正确评价其带来的深远影响,目的是激励与人员,增强他们贯彻会议精神的信心和决心。

一般的会议可以使用口头闭幕词,重要的会议要起草书面闭幕词。

二、闭幕词的特点

(一)总结性

闭幕词是在会议或重大活动的闭幕式上使用的文种,要对会议内容、会议精神和进程进行简要的总结并作出恰当评价,肯定会议的重要成果,强调会议的重要意义和深远影响。

(二)概括性

闭幕词应对会议进展情况、完成的议题、取得的成果、提出的会议精神及会议意义等进行高度的语言概括。因此,闭幕词的篇幅一般都短小精悍,语言简洁明快。

(三)号召性

为激励参加会议的全体成员实现会议提出的各项任务而奋斗,增强与会人员贯彻会议精神的决心和信心,闭幕词的行文充满热情,语言坚定有力,富有号召性。

(四)口语化

闭幕词要适合口头表达,语言要求通俗易懂、生动活泼。

三、种类

按内容可以分为侧重性闭幕词和一般性闭幕词两种。侧重性闭幕词往往对会议召开的历史背景、重大意义或会议的中心议题等作重点阐述,其他问题一带而过。一般性闭幕词则只对会议的目的、议程、基本精神、来宾等作简要概述。

四、闭幕词的结构

闭幕词由标题、称呼、正文三部分构成。

标题与称呼的写法与开幕词基本相同。

闭幕词的正文从称呼下移一行空两格开始写。一般包括开头、主体和结语三部分。

（1）开头。首先说明会议已经完成预定任务，现在就要闭幕了。如"中国共产党河北省第八次代表大会，经过全体代表的共同努力，圆满完成了各项预定任务，今天就要胜利闭幕了"。

（2）主体。概述会议的进行情况，恰当地评价会议的收获、意义及影响。核心部分要写明会议通过的主要事项和基本精神；会议的重要性和深远意义；向与会人员提出贯彻会议精神的基本要求；等等。一般来说，这几方面的内容都不能少，而且顺序基本不变。写作时要掌握会议情况，有针对性地对会议内容予以阐述和肯定；同时可以对会议未能涉及的都已认识到的重要问题作出适当强调或补充；行文要热情洋溢，简洁有力，起到激发斗志，增强信念的作用。

（3）结语。重申会议的要求和任务，表示共同的愿望和决心，也可用"预祝会议圆满成功"结束。结语多用号召式语句，简短、有感染力。

结尾部分一般先以坚定语气发出号召，提出希望，表示祝愿等；然后郑重宣布会议闭幕。如"回顾过去，令人鼓舞；展望未来，任重道远。我们面对的是挑战，但更多的是机遇，给我们带来更为美好的希望。虽说希望与艰难并存，今后我们可能会遇到很多的困难，或是难以预料的挫折，但只要由我们这些'××人'，只要'我爱我校''校荣我荣'的'××'精神在发扬，我们必然会建成一个令世人瞩目的××学校。现在我代表大会主席团宣布第×届第×次教职工代表大会胜利闭幕，真诚地祝大家身体健康，全家幸福！"

五、闭幕词的注意事项

（1）与开幕词前后呼应、首尾衔接。

（2）高度概括，具有号召力。要简明有力，饱含热情，充分显示号召力。

（3）适当对会议议题进行深化和发挥，特别是对会议虽未展开但已经认识到的重要问题，可在闭幕词中提出或适当强调。

例文1

2019年学校教职工代表大会闭幕词

各位代表、同志们：

  大家好，第一次会议在全校教职员工的关心和支持下，经过大家的共同努力，我校第×届第×次教职工代表大会，圆满完成了预定的各项议程，即将顺利闭幕了。

  这次会议的召开正值全国各族人民喜庆中华人民共和国成立70周年之际，也是我校发展的机遇和压力并存的关键时期，因此，大家都备加关注，投入了极大的热情，认真、仔细地听取并审议通过了×××校长作的学校工作报告和×××副校长提案答复报告，×××副校长的教职工绩效工资考核方案、×××的学校财务工作报告。会议期间，全体教职员工按年级、行政后勤职员等六大组展开了热烈讨论，本着主人翁的态度，结合各年级组、学科组和学校发展的具体情况，对3个报告进行了广泛、深入的讨论。大家一致认为，×校长的学校工作报告比较全面、客观地回顾、总结了一年以来在全体教职员工辛勤努力之下而取得的各方面成果。报告中的回顾与总结是实事求是的，既肯定了成绩、总结了经验，又指出了我校目前存在的不足及面临的挑战，同时也理清了下年度的工作思路，对以后的工作重心有了比较明确的认识，为学校的进一步发展指明了方向。

  在大会组织的讨论中，全体教职员工都认真履行教代会赋予的职责，正确行使自己的民主权利、解放思想、实事求是，紧紧围绕会议的中心议题，特别就是×××校长的学校工作报告展开了讨论，大家集思广益，献计献策，畅所欲言，共商大计，不仅体现了大家的主人翁精神，而且充分体现了同志们致力于学校建设和发展的信心和决心。

  可以说我们基本达到了预期的目标，即开成了一个统一思想、坚定信心的大会，一个民主和谐、团结奋进的大会，而且可以说是一个面向新世纪、加快改革和发展的动员会，尽管时间不长，但会议开得富有成效，大家在热烈、愉悦的探讨中、争论中统一了思想，也提高了认识，更鼓足了干劲。这次大会必将对进一步深化教育改革、打响××学校教育品牌、提升学校号召力、增强学校的凝聚力、促进学校的建设与发展产生重大的作用。

  在本次教代会上，大家也表达了加快学校发展、建设的共同心愿，并对学校今后的工作提出了许多好的意见和建议,这充分体现了我们高度的责任感,也体现了大家对学校工作的关心和支持。学校也认真对待每一件提案,逐项研究,提出解决办法。对于能够解决的立即着手解决,一时还不能解决的,也作了说明,做到件件有落实,事事有回音。

回顾过去,令人鼓舞;展望未来,任重而道远。我们面对的是挑战,但更多的是机遇,给我们带来更为美好的希望。虽说希望与艰难并存,今后我们可能会遇到很多的困难,或是难以预料的挫折,但只要由我们这些"××人",只要"我爱我校""校荣我荣"的"××"精神在发扬,我们必然会建成一个令世人瞩目的××学校。

现在我代表大会主席团宣布第×届第×次教职工代表大会胜利闭幕,真诚地祝大家身体健康,全家幸福!

任务演练

请根据前文提供的素材起草一份闭幕词,细节自拟。

自我评价

项目	评估内容	自我评价
认知层面	你了解什么是闭幕词了吗?	
能力层面	你能写闭幕词了吗?	
发展层面	开幕词和闭幕词对会议召开和工作推进有什么作用?	

任务十 答谢词的写作

任务描述

答谢词,是指特定的公共礼仪场合,主人致欢迎词或欢送词后,客人所发表的对主人的热情接待和关照表示谢意的讲话。

本任务要求了解答谢词的适用范围、特点和种类,掌握答谢词的结构和写作要求,能够书写答谢词。

任务布置

领导安排张娜带队前往合作单位考察学习办公室工作，考察结束后合作单位召开了研讨会暨欢送会，会上张娜进行了答谢致辞，感谢合作单位的热情接待和细致安排，向合作单位提出了邀请。

资源库资料：《答谢词的写作》

相关知识

一、答谢词的适用范围

自古以来，人们就提倡"礼尚往来""知恩报德""来而无往非礼也"，于是在人际交往中便有了"谢"的言行：或揖拳，或鞠躬，或以言辞道谢，或以纸笔作书（写成谢函、谢帖、感谢信），倘若在庄重的礼仪场合，那便要致"答谢词"了。答谢词被广泛应用于各种场合，它对沟通情感、巩固友谊能起到良好效果。答谢词一般包括以下几种：在社交集会或宴会上，主人致过欢迎词或祝酒词后，宾客代表需要做出礼仪性的答谢；在重大的荣誉授赠仪式上，被授者要致辞表示答谢；有时在欢迎会上也要表示答谢。

二、答谢词的特点

（一）简洁明快

（二）热情真挚

答谢词的行文充满热情，情感表达真挚。

（三）口语化

答谢词要适合口头表达，写作时语言力求通俗易懂、生动活泼。

三、答谢词的种类

依据不同的致谢缘由和致谢内容，答谢词可划分为两个基本类型：

（1）"谢遇型"答谢词。"遇"，招待，款待。"谢遇型"答谢词，即用来答谢别人的招待的致辞，它常用于宾主之间，既可用于欢迎仪式、会见仪式上与"欢迎词"相应，也可用于欢送仪式、告别仪式上与"欢送词"相应。

（2）"谢恩型"答谢词。"恩"，受到的好处，即别人的帮助。"谢恩型"答谢词是用来答谢别人的帮助的致辞。它常用于捐赠仪式或某种送别仪式上。

四、答谢词的结构

答谢词是由标题、称呼和正文构成。

（一）标题

（1）直接用文种，如《答谢词》。

（2）受辞者+文种，如《致×××的答谢词》。

（3）致辞者+场合+文种，如《××在××欢迎会上的答谢词》。

（4）场合+文种，如《在接受救灾粮仪式上的答谢词》。

（二）称呼

称呼要写明被答谢人，一种为专指，如"××主席""××先生"；另一种是泛指，如"××公司全体人员""亲爱的朋友们"等。必要时逐个列出被感谢人的称呼。

（三）正文

从称呼下移一行空两格开始写正文。

（1）开头。首先对主人的盛情表示感谢。

（2）主体。用简洁的语言阐释活动的意义，并对对方予以肯定。如是访问，则概括出访期间留下的美好印象，赞扬主人的精神或业绩，或对双方共同关心的问题表达出自己的观点、看法和愿望，或表明自己来访的意图、诚意，申述自己的期待；若是授赠仪式，可以对授赠的意义作简要的阐述，表达自己的荣幸与激动，以及对赠予者的感谢和尊重。这是答谢词的写作重点。

（3）结语。用感谢的话再次致谢，也可再一次表达美好的祝愿。

五、答谢词的注意事项

（一）感情要真挚、坦诚而热烈

既然要"答谢"，就应该动真情、吐真言，热情洋溢，给人以如春风的温煦感。

（二）评价要适度，恰如其分

一般来说，对于对方的行动，"谢遇型"致辞不宜妄加评论。而"谢恩型"致辞则可就其"精神"或"风格"作出评价，但要适度，恰如其分，不可故意拔高、无限升华，以免有"虚情假意"之嫌。对于双方有不同见解的地方或有原则立场的问题，要谨慎措辞，语言委婉含蓄。

（三）篇幅要简短，语言要精练

致辞一般应简短，不可像会议报告那么冗长。篇幅要简短，语言要精练。

（四）注意照应欢迎词

撰写"谢遇型"答谢词时，若主人已经在前致辞，答谢词要注意和欢迎词照应，即使预先准备了答谢词，也要在现场修改、补充，这是对主人的尊敬。

例文

在接受救灾粮仪式上的答谢词

亲爱的××领导，远道而来的客人们：

今天，我们怀着无比激动、无比振奋的心情，在这里迎接××红十字会给我们县师生捐赠救灾粮的亲人。

今年7月以来，我国遭受了百年未遇的大旱灾。7—9月的三个月，烈日炎炎，滴雨不下，池塘干涸，溪河断流，田地龟裂，禾苗枯死，真是赤地千里！虽经我们奋力抗灾，但自然灾害的肆虐使10多万人饮水困难，30多万亩田地颗粒无收。我们县的中小学生，就有1万多名因受灾辍学，还有几万名靠同学、教师、亲属的接济度日。然而，党和政府没有忘记我们，兄弟县市的乡亲没有忘记我们，省、市领导多次亲临，视察灾情，组织救援，市县国家干部职工争相解囊，捐粮捐钱。今天，我们又接到了你们无私捐助的大批救灾粮食。"一方有难，八方支援"，团结互助，无私奉献，只有在今天优越的社会主义制度下，只有在我们伟大的社会主义中国才能办到！

谢谢你们，远方的亲人！我们全县中小学生、全县人民，一定从你们的援助中汲取力量，奋发图强，重建家园；努力学习，奋勇登攀，以优异的成绩来报答党和人民的关怀，报答你们的深情厚谊！

任务演练

请根据前文提供的素材起草一份答谢词，细节自拟。

自我评价

项目	评估内容	自我评价
认知层面	你了解什么是答谢词了吗？	
能力层面	你能写答谢词了吗？	
发展层面	如何通过答谢词体现"礼尚往来""知恩报德""来而无往非礼也"的内容？	

任务目标检测

一、单项选择题

1. 感谢信按发表方式划分，可以分为（ ）。

   A. 书信式感谢信　　B. 张贴式感谢信

   C. 广播式感谢信　　D. 登报式感谢信

2. 请柬的发送要掌握好（（ ）。

   A. 广泛性　　B. 快捷性　　C. 时间性　　D. 准确性

3. 下列文书中，（ ）的写作可以用较为鲜艳的彩色纸，封面也可用花边、图案等装饰。

   A. 大事记　　B. 传真　　C. 备忘录　　D. 请柬

4. 对于欢迎词的理解，错误的一项是（ ）。

   A. 是一种应酬性讲话，不必认真

   B. 要尊重对方的风俗和习惯

   C. 要使用敬语

   D. 篇幅要简短，措辞要得体

5. 下列文种中可以作为入场或者报道凭证的是（ ）。

   A. 欢迎词　　B. 请柬　　C. 祝词　　D. 贺词

6. 欢迎词和欢送词大多是在欢迎和欢送现场当面向来宾口头表达的，所以用语具有（ ）特点。

   A. 振振有词　　B. 多用口语　　C. 号召力强　　D. 说服力强

7. 对集体和个人的支持、帮助、关心表示感谢的一种专用书信是（ ）。

   A. 申请书　　B. 慰问信　　C. 感谢信　　D. 请柬

二、多项选择题

1. 请柬的正文，应交代（　　）。

A. 邀请参加的活动内容　　B. 举行活动的时间

C. 活动的地点　　　　　　D. 活动的意义

2. 感谢信标题的写法有（　　）。

A. 用文种名称　　B. 受文对象和文种名称结合而成

C. 公文式标题　　D. 发文者和文种名称结合而成

3. 下列属于社交礼仪文书的有（　　）。

A. 总结　　B. 意向书　　C. 祝词　　D. 开幕词

4. 贺信一般（　　）。

A. 篇幅比较短

B. 感情充沛

C. 语言明快

D. 不可电子投递

三、判断题

1. 发送贺信的主要目的是恭贺对方。（　　）

2. 竖式请柬是从右向左书写的。（　　）

3. 感谢信的称谓一般写被感谢单位的名称或个人姓名。（　　）

4. 答谢信是指特定的公共礼仪场合的讲话，但不可夸张事实。（　　）

5. 口语化是欢迎词文字的必然要求，在遣词造句上要运用生活化的语言，既简洁又富有生活情趣。（　　）

四、写作题

建华房地产开发公司要在市郊某地开发建设一片规模为50万平方米的经济适用房，定于10月16日动工，并准备邀请市有关领导参加开工典礼。请你代表该房地产开发公司书写一封邀请信。要求格式完整、内容明确、书写规范。

学习情境六　其他常用文书

学习目标

知识目标：了解申请书等其他常用文书的种类、特点和作用。

能力目标：根据工作要求选择正确的文种，较为熟练地撰写其他常用文书。

情感目标：培养认真仔细的工作态度、积极沟通的交流意识和创新意识 。

任务一　申请书的写法

任务描述

申请书是个人或集体向组织、机关、企事业单位或社会团体表述愿望、提出请求时使用的一种文书。

本任务要求了解申请书的适用范围、特点和种类，掌握申请书的结构和写作要求，能够书写申请书。

任务布置

张娜实习期满，按照规定，张娜应撰写一份转正申请书交给主任。张娜应如何撰写呢？

相关知识

资源库教学资料：《申请书的制作》

一、申请书的适用范围

申请书广泛适用于党政机关、企事业单位、社会团体中。申请书和请示都属于请求类，但是，请示是法定公文，属于公文写作；申请书是事务类书信，表达的是个人或集体的意愿。

二、申请书的特点

（1）一事一议。
（2）应用广泛。

三、种类

根据申请书的形式可以分为书信式和表格式。

四、申请书的结构

申请书的结构由标题、称呼、正文、落款四部分构成。

（一）标题

申请书的标题写法一般有两种：
（1）以文种命名，如《申请书》。
（2）事项＋文种，如《科研项目申请书》《员工转正申请书》。

（二）称呼

称呼写在开头顶格处，写明接收申请书的单位名称或领导人姓名。如"×××团支部""系总支领导同志"等，后加冒号。

（三）正文

申请书的正文从称呼下一行空两格开始写，正文包括四项内容。

（1）申请内容。开篇就要向领导、组织表明申请什么。要开门见山，直截了当，不含糊其词。

（2）申请原因。为什么申请，也就是说明申请的目的、意义及自己对申请事项的认识。

（3）决心和要求。最后进一步表明自己的决心、态度和要求，以便组织了解申请人的认识和情况，应写得具体、详细、诚恳、有分寸，语言要朴实准确，简洁明了。

（4）结语。申请书可以写结语，也可以不写。结语一般是表示敬意的话，如"此致敬礼"等。也可写表示感谢和希望的话，如"请组织考验""请审查""望领导批准"等。

（四）落款

在右下方署明"申请人"，空一格后写上申请人的名字或组织名称，并在下面注明年、月、日。

入党申请书

敬爱的党组织：

  我志愿加入中国共产党。中国共产党是一个……

  ……

  请党组织给予考察和培养。

  此致

敬礼

申请人×××
××××年××月××日

五、申请书的注意事项

（1）阐明自己申请的事项（入党、住房、转正）的理由时必须如实、客观。

（2）行文要自然流畅，语言简练。篇幅长短根据具体情况而定。

（3）应一事一书，切忌一书数事。

例文1

员工转正申请书

尊敬的公司领导：

  我是××××部门的××××，于××××年××月××日成为公司的试用员工，到今天已经有三个月，试用期已满。在这段时间里，我工作努力，表现突出，根据公司的规章制度，现申请转为正式员工。

  在这段时间里，我主要工作是××，通过锻炼，我熟悉了××的操作流程。工作中，我一直严格要求自己，认真完成领导布置的每项任务，同时主动为领导分忧。在×××方面有不懂的问题就虚心向同事请教，不断充实自己，希望能独当一面，为公司作出更大的贡献。

  公司工作氛围宽松融洽，企业文化团结向上，我很快就适应了这里的环境，让我与同事们成为很好的工作伙伴。

  我很喜欢这份工作，这三个月来我学到了很多，也有很多感悟。看到公司迅速发展，我感到骄傲和自豪，也迫切地希望以一名正式员工的身份在这里工作，实现自己的奋斗目标，体现自己的人生价值，和公司一起成长。

在此，我提出转正申请，恳请各位领导给我继续锻炼自己、实现理想的机会。我会用谦虚的态度和饱满的热情做好我的本职工作，为公司创造价值，同公司一起展望美好的未来！

　　此致

敬礼

申请人：×××

××××年××月××日

例文2　申请表

表D.1.3-1　各类房地产抵押权设立登记申请书

任务演练

你已在某公司实习满半年，按规定可以转为正式员工，请撰写一份转正申请书。

自我评价

项目	评估内容	自我评价
认知层面	你了解什么是申请书了吗？	
能力层面	你能写申请书了吗？	
发展层面	优秀的申请书应该具备什么特点？	

任务二　倡议书的写作

任务描述

倡议书是由某一组织或个人发布，向社会提出建议或提议社会成员共同去开展某项活动、做某些事情的公开信。它作为日常应用写作中的一种常用文体，在现实社会中应用比较广泛，比如"节约用水倡议书""保护益鸟倡议书"等。

本任务要求了解倡议书的适用范围、特点和种类，掌握倡议书的结构和写作要求，能够撰写倡议书。

任务布置

"白色污染"是指一次性难降解的塑料包装物。塑料制品作为一种新型材料，具有质轻、防水、耐用、生产技术成熟、成本低的优点，在全世界被广泛应用且呈逐年增长趋势。但是塑料制品大量使用造成了"白色污染"。"白色污染"的主要危害是"视觉污染"和"潜在危害"。"视觉污染"：在城市、旅游区、水体和道路旁散落的废旧塑料包装物给人们的视觉带来不良刺激，影响城市、风景点的整体美感，破坏市容、景观，由此造成"视觉污染"。"潜在危害"：废旧塑料包装物进入环境后，由于其很难降解，造成长期的、深层次的生态环境问题。请撰写一份倡议书，呼吁大家开展减少塑料制品、保护地球环境的活动。

相关知识

资源库教学资料：《倡议书的写作》

一、倡议书的适用范围

个人或组织均适用。

二、倡议书的特点

（一）广泛的群众性

倡议书不是对某个人或某一个集体而发的，它的受众往往是广大群众。广泛的群众性是倡议书的基本特征。

（二）响应者的不确定性

倡议书的对象范围往往是不确定的，即便在文中明确了倡议的具体对象，有关人员可以表示响应，也可以不表示响应，它本身不具有很强的约束力。即便是与此无关的其他群众团体，也可以有所响应。

（三）倡议书的公开性

倡议书就是一种广而告之的书信。它是要让人民群众知道和了解，从而得到更多人的响应，以期在最大范围内引起共鸣。

三、种类

（1）从发文角度，可分为个人倡议书、集体倡议书、企事业单位和机关部门倡议书。

（2）从发文内容，可分为对某一具体生活事件问题的倡议书、针对某种思想意识、精神状况的倡议书。

四、倡议书的结构

倡议书由标题、称谓、正文和落款四部分构成。

（一）标题

倡议书的标题写法一般有三种：

（1）以文种命名，如《倡议书》。

（2）致＋受文者＋文种，如《致青年朋友的倡议书》。

（3）事由＋文种，如《关于节能减排的倡议书》。

（二）称谓

称谓写在开头顶格处，有明确倡议对象的，写倡议对象名称；倡议面广的，可以写"亲爱的朋友们"，或省略称谓。倡议书不写问候语。

(三)正文

倡议书的正文从称谓下一行空两格开始写,正文包括前言、主体和结语三部分。

(1)前言。写发倡议书的原因、意义和目的。倡议书的发出意在引起广泛响应,只有交代清楚倡议活动的原因,以及当时的各种背景事实,并表明发布倡议的目的,人们才会理解和信服,才会自觉行动。

(2)主体。写明倡议的具体内容和要求做到的具体事项、开展怎样的活动,都做哪些事情,价值和意义等,这是正文的重点部分。倡议事项要写得具体、可行。事项简单的,可以紧接着倡议目的写;倡议事项多的,可以分条书写。

(3)结语。表示倡议者的决心、希望和建议。倡议书结尾一般不写表示敬意或祝愿的话。

(四)落款

署倡议者的名称或姓名,注明具体时间。

例文 1

"我家街巷最好看"活动倡议书

亲爱的市民朋友:

　　小街、小巷、小胡同,是北京城的根儿,是首都的里子。

　　这两年,随着环境整治提升工作的开展,北京的背街小巷发生了喜人的变化。在政府部门和全体市民的共同努力下,"违建"拆除了,"开墙打洞"封堵了,胡同敞亮了,"架空线"入地了,油烟、污水不见了;建筑墙体恢复了原貌,庭院花园和口袋花园见缝插绿,天际线重新露了出来——背街小巷正从曾经的"脏乱差"渐渐回归古都的整洁、干净、有序。

　　2019年是核心区背街小巷整治提升三年专项行动的收官之年,核心区背街小巷环境整治任务将在"十一"之前全部完成。如何巩固发展整治成果,让小街、小巷、小胡同里的环境更美丽、生活更舒适,是今后我们面临的重要问题,也是北京进行城市精细化治理的重要课题。

　　今年3月25日,市委书记蔡奇在首都精神文明建设工作暨背街小巷环境整治提升动员部署大会上强调,要以庆祝中华人民共和国成立70周年为契机,一体推动首都精神文明建设与背街小巷环境整治提升工作,使之相互促进、相得益彰,建设好市民群众的精神家园,让北京这座伟大的城市更加有里有面子。

小街巷关系大文明。在此，我们再次发起"我家街巷最好看"活动倡议，呼吁全体市民和社会力量继续为背街小巷环境整治提升和首都精神文明建设出谋划策、贡献力量。

我们倡议：街巷居民、商户积极参与环境整治和文明提升工作，通过制定小巷公约等方式，为巩固发展整治成果探索长效机制；回社区报到的广大党员干部，利用周末时间积极参与街巷整治，群众吹哨、志愿者报到，共同推进新时代文明实践中心建设；"家是最小国，国是千万家"，在"十一"前夕，街巷居民和各界力量齐参与，扮靓门前喜迎国庆。

我们将通过"制定小巷公约""扮靓门前迎国庆""随手拍看变化""'最美街巷'及'最美小巷管家'推选"等一系列活动，为全市的街巷环境整治和文明创建凝聚力量。

共治共享，美化家园。让我们行动起来，共同营造优美整洁的家园环境和文明祥和的社会氛围，喜迎中华人民共和国成立70周年华诞盛典！

北京日报社

市城市管理委员会

首都文明办

市规划和自然资源委员会

共青团北京市委员会

2019年5月24日

例文2

倡 议 书

广大市民、社会各界朋友：

万木吐绿，大地回春。值此义务植树40周年，特向全市人民发出如下倡议：

一、大力开展植树造林，对于我市建设好首都水源涵养功能区和生态环境支撑区，发展绿色经济，建设绿色城市，加快转型升级、绿色崛起、跨越提升，走出一条生态兴市、生态强市的发展新道路，具有基础作用，意义重大。参加义务植树是每个公民的法定义务，希望每一位张家口人都积极行动起来，以各种形式参与、支持义务植树活动，努力为家乡增绿添彩！

二、全市各级绿化委员会、各机关团体、企事业单位，要积极组织开展丰富多彩的义务植树活动。可结合各自特点，发挥各自优势，把开展主题造林、众筹造林、网络植树等多种活动形式同创建全国文明城市有机结合起来，加强宣传，广泛动员，突出重点，注重实效，在促进生态建设的同时，在全社会倡导团结协作、绿色文明意识。

三、市委、市政府遵照习近平总书记视察张家口时的重要指示，正团结带领全市人民为交出筹办冬奥和地方发展两份优异答卷扎实奋斗。张家口正在成为展示国家形象、人民风貌的一个重要窗口。我们必须倍加珍惜发展机遇，高标准地推进各项工作，也殷切期望社会各界特别是各类企业、投资机构、社会资本能够和地方政府一道，积极实行项目化、工程化造林，提升绿化层次，巩固绿化成果，发挥绿化效益。

中华民族自古就有爱树、植树、护树的好传统。众人拾柴火焰高，众人植树树成林。要全民动手、全社会共同参与，各级领导率先垂范，持之以恒地开展义务植树。朋友们，让我们行动起来，从自身做起，从现在做起，积极投身到全民义务植树活动中去，为美丽张垣、生态强市贡献应有的力量！

张家口市绿化委员会
2019年4月12日

五、倡议书的注意事项

（1）理由充分，切实可行

（2）措辞恰当，富有感情

（3）篇幅适当，号召力强

任务演练

请根据前文资料撰写一份"拒绝白色垃圾，保护地球环境"的倡议书。

自我评价

项目	评估内容	自我评价
认知层面	你了解什么是倡议书了吗？	
能力层面	你能写倡议书了吗？	
发展层面	倡议书的作用有哪些？	

任务三　启事的写作

任务描述

启事是指机关、社会组织、企事业单位或个人为了让公众知道某件事或希望公众协助办理某件事而使用的应用文。通常张贴于公共场所或通过报刊、电台、电视等媒介传播，如征文启事、征稿启事、征婚启事、寻人启事、更名启事等。

本任务要求了解启事的适用范围、特点和种类，掌握启事的结构和写作要求，能够书写启事。

任务布置

张娜养了一只宠物狗，一日小狗走失，张娜非常着急，到处寻找，如果你是张娜的朋友，你将如何帮她寻回小狗呢？

相关知识

资源库教学资料：《启事的写作》

一、启事的适用范围

启事广泛适用于党政机关、社会组织、企事业单位或个人的工作和生活中，但是不具备强制和约束作用。看到启事的人可以参与启事中所陈述的事项，也可以不予理睬。

二、启事的特点

启事一般具有公开性、广泛性、实用性、随意性的特点。

三、种类

（1）征召类启事，包括招生、招聘、招工、招领、征婚等启事。

（2）声明类启事，包括遗失、作废、更名、更期、竞赛、讲座等启事。

（3）寻找类启事，包括寻人、寻物等启事。

四、启事的结构

类型不同的启事,写法各有不同,但文体结构大体相同。

启事由标题、正文、落款三部分构成。

(一)标题

启事的标题写法一般有三种:

(1)以文种命名,如《启事》。

(2)事项+文种,如《寻人启事》。

(3)单位名称+事项+启事,如《多彩咖啡屋开业启事》。

(二)正文

启事的正文从称呼下一行空两格开始写。

有的启事有前言,简要说明启事发布的背景、意义或根据,但大部分启事直接说明启事事项,如发布启事的原因、目的、要求等内容。如"寻物启事"要说明所寻之物的特征,丢失的时间、地点,如果有人找到返还有无回报等内容。

(三)落款

有些启事已在内容中写明有关日期,那就不需另行标注。目前常见的启事样式较醒目,常用黑体字标注联系地址、联系人以及电话号码等。在右下方要注明告启日期。

五、启事的注意事项

(1)标题要简短醒目。启事标题力求简洁、醒目,主旨鲜明突出,高度概括,能抓住公众的注意力。尤其是广告性、宣传性的启事,标题要注意艺术性。

(2)内容要严密、完整。启事的事项一定要严密、完整,不遗漏应启之事,表述清楚。最好一事一启,便于公众迅速理解和记忆。

(3)用语要热情、恳切、文明。启事的文字既要通俗浅显,又要热情恳切,文明礼貌,使公众产生信任感。

(4)招领启事的语言有特殊的要求,既要说明物品的主要特征,又不能说得太具体,以免冒领。

六、"启事"与"启示"的不同

"启示"的意思是启发指示、使人有所领悟。"启事"为公开声明某事而刊登在报刊上或张贴在墙上的文字，二者不能混用。

资源库教学资料：《启事与启示的区别》

任务演练

请为张娜写一份寻物启事，帮助张娜寻回小狗，具体细节自拟。

自我评价

项目	评估内容	自我评价
认知层面	了解什么是启事了吗？	
能力层面	你能写启事了吗？	
发展层面	启事与启示有什么异同？	

任务四　海报的写作

任务描述

海报是一种特殊的广告形式，是机关、团体或个人向广大群众发布消息，介绍文化娱乐或商业等消息的应用文体。

本任务要求了解海报的适用范围、特点和种类，掌握海报的结构，能够书写海报。

任务布置

张娜是局工会摄影协会的会员，协会将在近期组织一次摄影作品展览，欢迎大家前往参观，所以张娜需要制作一张具有创意、博人眼球的海报。

相关知识

资源库教学资料：《海报的制作》

一、海报的适用范围

海报最早起源于上海。"海报"一词演变到现在，不仅是职业性戏剧演出的专用张贴物，还具有向群众介绍某一物体、事件的特性，所以它又是一种广告。海报是常见的一种招贴形式，其语言要求简明扼要，形式要做到新颖、美观。

海报主要张贴于公共场所引人注目的地方，也可登报或通过广播、电视、刊物等形式传播。如电影海报、球讯、人文讲座、体育比赛等。

二、海报的特点

（一）广告宣传性

海报引起社会各界关注，是广告的一种。有的海报加以美术设计，以吸引更多的人加入活动中。海报可以在媒体上刊登、播放，但大部分是张贴于人们易于见到的地方。

（二）设计性

海报是为某项活动做的前期广告和宣传，其目的是让人们参与其中。海报设计是视觉传达的表现形式之一，通过版面的构成在第一时间内将人们的目光吸引，并获得瞬间的刺激，这要求设计者将图片、文字、色彩、空间等要素进行完美的结合，以恰当的形式向人们展示出宣传信息。

三、种类

海报分为商业性海报和非商业性海报。

四、海报的结构

海报由标题、正文、落款等部分构成。

（一）标题

海报标题比较灵活。

（1）正文顶端居中以突出的字体写"海报"二字，或者直接写活动名称。如"球讯""好消息"等。

（2）内容＋文种，如《文理学院迎春晚会》。

（二）正文

写明活动内容、时间、地点、方式、参加对象及注意事项等，可用形象性和鼓动性的话语或图案、图画等增强吸引力，也可用"勿失良机""奖品丰厚，不可错过"等语言增强宣传作用。

（三）落款

在落款处写明活动举办单位及日期，若正文中已写明的，落款可省略。

五、海报的注意事项

（1）海报要主题鲜明，简洁明了；

（2）讲求艺术性，要以设计感取胜；

（3）内容真实准确，具体写明活动时间、地点和主要内容；

（4）富有文化内涵；

（5）形成个性。

任务演练

请问下列海报的正文是什么？

自我评价

项目	评估内容	自我评价
认知层面	了解什么是海报了吗？	
	海报有什么特点？	
能力层面	你能写海报了吗？	
	你掌握了哪些制作海报的方法？	
发展层面	请根据不同的内容制作适合的海报	

资源库拓展资料：《环保公益海报的制作》

任务五　公务短信的写作

任务描述

公务短信是指通过手机移动网络传递的用于公务联络的短信息。

本任务要求了解公务短信的适用范围、特点，掌握公务短信的结构，能够书写结构合理、内容完整、满足公务需要的短信。

任务布置

局里要接待来自××省的同行，司机小刘负责接站，对方将在上午9点到达机场，小刘到达机场后准备跟对方联络人进行沟通，就发了一条短信。

"王先生，您好，我们的红色别克轿车在二号航站楼3号门恭候您，车牌号是××××，我的电话号码是139×××××××，您如果找不到请给我打电话。××× 小刘"。

这条短信写得怎么样？

相关知识

资源库教学资料：《公务短信的制作》

一、公务短信的适用范围

随着手机、数字移动通信和互联网的迅速发展，发送手机短信传递信息已经成为一种重要交际手段。短信依照用途可以分为公务短信、日常短信、礼仪短信、感情短信等。公务短信主要适用于党政机关、企事业单位、社会团体、个人的工作中。

二、公务短信的特点

（1）联络及时，方便易存。

（2）无须立即回复。

（3）费用不高。短信可以群发，省时省力。

（4）短小精悍。

三、公务短信的结构

手机短信形式自由，篇幅短小，没有固定的格式。公务短信主要由称谓、正文、落款三部分构成。

（一）称谓

称谓写在开头顶格处，根据会议的性质及与会者的身份来确定。如"同志们""各位代表""各位股东""女士们、先生们"等，后加冒号。公务短信虽然是以手机短信的形式发出，但因其用于公务沟通，所以最好写明收信人姓名或姓氏，并于其后加上"先生（女士）"或职务等称谓。

（二）正文

公务短信的正文从称呼下移一行空两格开始写，将时间、地点或事件等内容表述清楚，便于对方了解，为保证对方及时查阅回复，可注明"盼复"二字。

（三）落款

注明发短信人的单位及姓名，但无须注明时间。

四、公务短信的注意事项

（一）礼貌得体

公务短信要做到称谓礼貌，语气缓和，最后不忘署名。

（二）表意清晰，准确精练

公务短信内容要全面，条理清晰，重点突出。一条短信涵盖所有相关内容，尽可能给别人带来便利，减少沟通的次数，提高工作效率。语言要凝练，措辞准确。

（三）仅用于一般或日常公务沟通，重要问题一定要在第一时间打电话沟通或面谈

（四）视对方身份习惯使用短信。如对方是老年人，要慎用短信

（五）短信应检查确认无误后再发送

> **任务演练**
>
> 　　王先生，我们在机场接你，下飞机后
> 　　请与我联系。

（1）请问上面这个短信有什么问题？

（2）张娜明天要参加一个会议，但是对时间、地点、议程等都不清楚，准备给对方联络人王主任发一条短信进行沟通。请根据以上信息替张娜编写一条短信。

自我评价：

项目	评估内容	自我评价
认知层面	你了解什么是公务短信了吗？	
能力层面	你能写公务短信了吗？	
发展层面	公务短信和其他非公务短信相比有什么特点，写作时有什么要求？	

任务六　求职信的写作

任务描述

求职信是求职者向用人单位介绍自身情况以求录用的专用性文书。

本任务要求了解求职信的适用范围、特点和种类，掌握求职信的结构，能够书写求职信。

任务布置

李华，是一名高职院校的平面设计专业的学生，将于今年7月毕业。他对学院毕业生招聘会上了解到的×公司的招聘信息，非常满意，准备应聘该公司的平面设计职位。该职位要求应聘者专业基础扎实，动手操作能力强，具有一定的工作经验。李华准备向该公司投递求职信，假如你是李华，你将如何写这封求职信呢？

相关知识

资源库教学资料：《求职信的制作》

一、求职信的适用范围

求职信适用于所有的求职者。

二、求职信的特点

（一）针对性

求职者要充分考虑用人单位的不同情况、岗位的不同特点，进行有针对性地书写，千篇一律、不痛不痒的泛泛之谈很难引起用人单位的兴趣。

（二）自荐性

求职信是求职者和用人者之间的媒介，在相互不了解的情况下，求职者要恰如其分地展现自己，向对方介绍自己的成绩、特长和优势、个性，展示自己胜任工作的能力，引起用人单位的关注。

（三）独特性

求职信不同于一般书信，要想在众多求职者中脱颖而出，就要在内容和形式方面体现独特性，让人耳目一新。

三、种类

求职者不清楚单位是否有用人需求而投递的非定向性求职信，称为自荐信；求职者根据招聘方的要求投递的定向性求职信，称为应聘书（信）。

四、求职信的结构

求职信可以通过独特的内容及表达方式制作，要不拘一格，可以是表格式、条文式，也可以是书信式，但是以下五个要素是必须具备的，具体包括标题、称谓、正文、落款、附件。

（一）标题

求职信的标题通常只有文种名称，即在第一行中间写上"求职信"三个字。

（二）称谓

写给招聘方的人事部门或直接写给招聘负责人。应在称谓前加"尊敬的"，在部门后加"领导人""负责人"或具体职务。

（三）正文

求职信的正文从称谓下移一行空两格开始写内容。正文内容较多，要分段写。

（1）导语。包括问候语、个人简介及求职意图。

首先简要介绍求职者的自然情况，如姓名、年龄、性别等。然后直截了当地说明从何种渠道得到有关信息以及写此信的目的。如"您好，我叫李华，毕业于

×××学院×××专业,衷心感谢您能在百忙之中浏览我的求职信。我通过学院毕业生招聘会了解到贵公司的招聘信息,拟应聘平面设计的职位。"

(2)主体。针对职位突出自身能力,集中介绍自己的专业背景、工作资历及性格特长等。

写明对所谋求的职务的看法以及对自己的能力要做出客观公允的评价,这是求职的关键。要着重介绍自己应聘的有利条件,要特别突出自己的优势和"闪光点",以及和招聘岗位所需素质的匹配度,以使对方信服。

写这段内容语言要中肯,恰到好处;态度要谦虚诚恳,不卑不亢。对于经历、获奖等内容可以采用分条列举的方式,达到见字如见其人的效果。要给招聘方留下深刻印象,进而使其相信求职者有能力胜任此项工作。总之,这段文字要有说服力。

(3)结语。表示胜任该项工作的信心,恳请招聘方给予面试和工作机会。

向招聘方提出希望和要求。如"希望您能为我安排一个与您见面的机会"或"盼望您的答复"或"敬候佳音"之类的语言。结语是求职信内容的收尾阶段,要适可而止,不要啰唆,不要苛求对方。

(四)落款

在信的右下方写求职人的姓名和日期。日期写在姓名下方。署名一般用"求职者(应聘者):×××谨呈(敬上)",以示礼貌和谦逊。也可不用敬辞。

(五)附件

附件是求职信不可或缺的组成部分。在信的结语下一行空两格的位置,写上"附件"或"附"后加冒号,列出附件目录。附件不需要太多,但是必须具有代表性,以证明你的才华和能力,而且会让用人单位感觉你做事有条理、有责任心。

例文

求 职 信

尊敬的领导:

您好。

我叫李华,毕业于×××学院平面设计专业,衷心感谢您能在百忙之中浏览我的求职信。我通过学院毕业生招聘会了解到贵公司的招聘信息,拟应聘平面设计的职位。

在校期间，我以优异的成绩修完了各项专业课程，在认真练习美术基本功的同时，也不断增强自己的计算机操作能力，并考取了全国计算机等级考试一级证书。通过校内学习和校外实践，我能熟练地使用 Photoshop、AI、DW 等专业设计软件，能熟练地进行平面广告设计制作与图文处理。

在校期间，我除了认真学习专业课程，还积极参加班级和学校的各类活动。通过不断的实践积累，我的人际交往能力和团队协作能力有了很大提升。我曾经在××××、××××这些单位实习，积累了大量平面设计的实战经验。

我积极参加多项比赛，不断提高自身的综合实力，曾获得以下奖项：

1.……

2.……

三年的大学生活不仅丰富了我的知识，而且提高了我的实践操作能力，这都是一名技术型人才应该具有的素质。

我了解到贵公司是……。具有很好的企业文化和发展空间，对贵公司的企业文化我是非常认同的。作为一名大专生，虽然我在学历上没有优势，但通过几年的专业学习和实习实践，我对自己的专业技能非常有信心，而且我有一颗真挚的心和拼搏进取的精神，希望贵公司可以给我一个贡献自己力量的机会。我一定会虚心学习，尽快适应岗位。期待您的佳音！

祝贵公司事业蒸蒸日上！

此致

敬礼

求职者：李华 谨呈

2019 年 5 月 6 日

附件：

1.毕业证复印件

2.优秀毕业生复印件

3.志愿服务证明复印件

通信方式：

联系电话：×××××

电子邮箱：×××××

联系地址：×××××

邮政编码：×××××

```
微信：×××××
QQ：×××××
```

五、写作求职信的注意事项

（一）确立目标，有的放矢

求职者要确立求职目标，结合用人单位与求职目标实际情况，认真挖掘自身优势，做到有的放矢。

（二）措辞得体、言简意赅

用简洁、平实、自然的言语表达自己求职的想法。既要讲究礼节，又要不卑不亢。

（三）内容翔实，材料丰富

求职者要想打动用人单位，在介绍自己能力素质、性格特点时，要多用生动的事实和准确的数据。如可列举社会实践与实习经历的单位和岗位名称，参加各种比赛的获奖数据。要将各种实证材料复印件作为求职信的附件进行佐证。

（四）力求新颖、富有个性

求职信必须精心设计，巧妙构思，不拘泥于通俗写法，以独特的内容和形式吸引用人单位的关注。

任务演练

假如你即将毕业，请书写一份求职信。

自我评价

项目	评估内容	自我评价
认知层面	你了解什么是求职信了吗？	
	写好求职信的关键是什么？	
能力层面	你能写求职信了吗？	
发展层面	如何通过独特新颖的求职信获得用人单位的关注？	

任务目标检测

一、多项选择题

1. 海报的写作要求是（　　）。

A. 措辞典雅 B. 短小精悍 C. 表达准确 D. 富有号召力

2. 不宜在求职缘由部分出现的是（　　）。

A. 因学以致用 B. 因个人兴趣爱好、发挥特长

C. 因出于对企业的仰慕、向往 D. 因与领导关系密切

3. 启事的正文一般包括（　　）。

A. 目的 B. 原因 C. 具体事项 D. 要求

二、判断题

1. 申请书和请示是一回事。（　　）

2. 手机短信需要写明发信时间。（　　）

3. 求职信就是简历。（　　）

附录

党政机关公文处理工作条例

第一章 总 则

第一条 为了适应中国共产党机关和国家行政机关（以下简称党政机关）工作需要，推进党政机关公文处理工作科学化、制度化、规范化，制定本条例。

第二条 本条例适用于各级党政机关公文处理工作。

第三条 党政机关公文是党政机关实施领导、履行职能、处理公务的具有特定效力和规范体式的文书，是传达贯彻党和国家的方针政策，公布法规和规章，指导、布置和商洽工作，请示和答复问题，报告、通报和交流情况等的重要工具。

第四条 公文处理工作是指公文拟制、办理、管理等一系列相互关联、衔接有序的工作。

第五条 公文处理工作应当坚持实事求是、准确规范、精简高效、安全保密的原则。

第六条 各级党政机关应当高度重视公文处理工作，加强组织领导，强化队伍建设，设立文秘部门或者由专人负责公文处理工作。

第七条 各级党政机关办公厅（室）主管本机关的公文处理工作，并对下级机关的公文处理工作进行业务指导和督促检查。

第二章 公文种类

第八条 公文种类主要有：

（一）决议。适用于会议讨论通过的重大决策事项。

（二）决定。适用于对重要事项作出决策和部署、奖惩有关单位和人员、变更或者撤销下级机关不适当的决定事项。

（三）命令（令）。适用于公布行政法规和规章、宣布施行重大强制性措施、批准授予和晋升衔级、嘉奖有关单位和人员。

（四）公报。适用于公布重要决定或者重大事项。

（五）公告。适用于向国内外宣布重要事项或者法定事项。

（六）通告。适用于在一定范围内公布应当遵守或者周知的事项。

（七）意见。适用于对重要问题提出见解和处理办法。

（八）通知。适用于发布、传达要求下级机关执行和有关单位周知或者执行的事项，批转、转发公文。

（九）通报。适用于表彰先进、批评错误、传达重要精神和告知重要情况。

（十）报告。适用于向上级机关汇报工作、反映情况，回复上级机关的询问。

（十一）请示。适用于向上级机关请求指示、批准。

（十二）批复。适用于答复下级机关请示事项。

（十三）议案。适用于各级人民政府按照法律程序向同级人民代表大会或者人民代表大会常务委员会提请审议事项。

（十四）函。适用于不相隶属机关之间商洽工作、询问和答复问题、请求批准和答复审批事项。

（十五）纪要。适用于记载会议主要情况和议定事项。

第三章　公文格式

第九条　公文一般由份号、密级和保密期限、紧急程度、发文机关标志、发文字号、签发人、标题、主送机关、正文、附件说明、发文机关署名、成文日期、印章、附注、附件、抄送机关、印发机关和印发日期、页码等组成。

（一）份号。公文印制份数的顺序号。涉密公文应当标注份号。

（二）密级和保密期限。公文的秘密等级和保密的期限。涉密公文应当根据涉密程度分别标注"绝密""机密""秘密"和保密期限。

（三）紧急程度。公文送达和办理的时限要求。根据紧急程度，紧急公文应当分别标注"特急""加急"，电报应当分别标注"特提""特急""加急""平急"。

（四）发文机关标志。由发文机关全称或者规范化简称加"文件"二字组成，也可以使用发文机关全称或者规范化简称。联合行文时，发文机关标志可以并用联合发文机关名称，也可以单独用主办机关名称。

（五）发文字号。由发文机关代字、年份、发文顺序号组成。联合行文时，使用主办机关的发文字号。

（六）签发人。上行文应当标注签发人姓名。

（七）标题。由发文机关名称、事由和文种组成。

（八）主送机关。公文的主要受理机关，应当使用机关全称、规范化简称或者同类型机关统称。

（九）正文。公文的主体，用来表述公文的内容。

（十）附件说明。公文附件的顺序号和名称。

（十一）发文机关署名。署发文机关全称或者规范化简称。

（十二）成文日期。署会议通过或者发文机关负责人签发的日期。联合行文时，署最后签发机关负责人签发的日期。

（十三）印章。公文中有发文机关署名的，应当加盖发文机关印章，并与署名机关相符。有特定发文机关标志的普发性公文和电报可以不加盖印章。

（十四）附注。公文印发传达范围等需要说明的事项。

（十五）附件。公文正文的说明、补充或者参考资料。

（十六）抄送机关。除主送机关外需要执行或者知晓公文内容的其他机关，应当使用机关全称、规范化简称或者同类型机关统称。

（十七）印发机关和印发日期。公文的送印机关和送印日期。

（十八）页码。公文页数顺序号。

第十条 公文的版式按照《党政机关公文格式》国家标准执行。

第十一条 公文使用的汉字、数字、外文字符、计量单位和标点符号等，按照有关国家标准和规定执行。民族自治地方的公文，可以并用汉字和当地通用的少数民族文字。

第十二条 公文用纸幅面采用国际标准A4型。特殊形式的公文用纸幅面，根据实际需要确定。

第四章 行文规则

第十三条 行文应当确有必要，讲求实效，注重针对性和可操作性。

第十四条 行文关系根据隶属关系和职权范围确定。一般不得越级行文，特殊情况需要越级行文的，应当同时抄送被越过的机关。

第十五条 向上级机关行文，应当遵循以下规则：

（一）原则上主送一个上级机关，根据需要同时抄送相关上级机关和同级机关，不抄送下级机关。

（二）党委、政府的部门向上级主管部门请示、报告重大事项，应当经本级党委、政府同意或者授权；属于部门职权范围内的事项应当直接报送上级主管部门。

（三）下级机关的请示事项，如需以本机关名义向上级机关请示，应当提出倾向性意见后上报，不得原文转报上级机关。

（四）请示应当一文一事。不得在报告等非请示性公文中夹带请示事项。

（五）除上级机关负责人直接交办事项外，不得以本机关名义向上级机关负责人报送公文，不得以本机关负责人名义向上级机关报送公文。

（六）受双重领导的机关向一个上级机关行文，必要时抄送另一个上级机关。

第十六条 向下级机关行文，应当遵循以下规则：

（一）主送受理机关，根据需要抄送相关机关。重要行文应当同时抄送发文机关的直接上级机关。

（二）党委、政府的办公厅（室）根据本级党委、政府授权，可以向下级党委、政府行文，其他部门和单位不得向下级党委、政府发布指令性公文或者在公文中向下级党委、政府提出指令性要求。需经政府审批的具体事项，经政府同意后可以由政府职能部门行文，文中须注明已经政府同意。

（三）党委、政府的部门在各自职权范围内可以向下级党委、政府的相关部门行文。

（四）涉及多个部门职权范围内的事务，部门之间未协商一致的，不得向下行文；擅自行文的，上级机关应当责令其纠正或者撤销。

（五）上级机关向受双重领导的下级机关行文，必要时抄送该下级机关的另一个上级机关。

第十七条 同级党政机关、党政机关与其他同级机关必要时可以联合行文。属于党委、政府各自职权范围内的工作，不得联合行文。

党委、政府的部门依据职权可以相互行文。

部门内设机构除办公厅（室）外不得对外正式行文。

第五章　公文拟制

第十八条 公文拟制包括公文的起草、审核、签发等程序。

第十九条 公文起草应当做到：

（一）符合党的理论路线方针政策和国家法律法规，完整准确体现发文机关意图，并同现行有关公文相衔接。

（二）一切从实际出发，分析问题实事求是，所提政策措施和办法切实可行。

（三）内容简洁，主题突出，观点鲜明，结构严谨，表述准确，文字精练。

（四）文种正确，格式规范。

（五）深入调查研究，充分进行论证，广泛听取意见。

（六）公文涉及其他地区或者部门职权范围内的事项，起草单位必须征求相关地区或者部门意见，力求达成一致。

（七）机关负责人应当主持、指导重要公文起草工作。

第二十条 公文文稿签发前，应当由发文机关办公厅（室）进行审核。审核的重点是：

（一）行文理由是否充分，行文依据是否准确。

（二）内容是否符合党的理论路线方针政策和国家法律法规；是否完整准确体现发文机关意图；是否同现行有关公文相衔接；所提政策措施和办法是否切实可行。

（三）涉及有关地区或者部门职权范围内的事项是否经过充分协商并达成一致意见。

（四）文种是否正确，格式是否规范；人名、地名、时间、数字、段落顺序、引文等是否准确；文字、数字、计量单位和标点符号等用法是否规范。

（五）其他内容是否符合公文起草的有关要求。

需要发文机关审议的重要公文文稿，审议前由发文机关办公厅（室）进行初核。

第二十一条 经审核不宜发文的公文文稿，应当退回起草单位并说明理由；符合发文条件但内容需作进一步研究和修改的，由起草单位修改后重新报送。

第二十二条 公文应当经本机关负责人审批签发。重要公文和上行文由机关主要负责人签发。党委、政府的办公厅（室）根据党委、政府授权制发的公文，由受权机关主要负责人签发或者按照有关规定签发。签发人签发公文，应当签署意见、姓名和完整日期；圈阅或者签名的，视为同意。联合发文由所有联署机关的负责人会签。

第六章 公文办理

第二十三条 公文办理包括收文办理、发文办理和整理归档。

第二十四条 收文办理主要程序是：

（一）签收。对收到的公文应当逐件清点，核对无误后签字或者盖章，并注明签收时间。

（二）登记。对公文的主要信息和办理情况应当详细记载。

（三）初审。对收到的公文应当进行初审。初审的重点是：是否应当由本机关办理，是否符合行文规则，文种、格式是否符合要求，涉及其他地区或者部门职权范围内的事项是否已经协商、会签，是否符合公文起草的其他要求。经初审不符合规定的公文，应当及时退回来文单位并说明理由。

（四）承办。阅知性公文应当根据公文内容、要求和工作需要确定范围后分送。批办性公文应当提出拟办意见报本机关负责人批示或者转有关部门办理；需要两个以上部门办理的，应当明确主办部门。紧急公文应当明确办理时限。承办部门对交办的公文应当及时办理，有明确办理时限要求的应当在规定时限内办理完毕。

（五）传阅。根据领导批示和工作需要将公文及时送传阅对象阅知或者批示。办理公文传阅应当随时掌握公文去向，不得漏传、误传、延误。

（六）催办。及时了解掌握公文的办理进展情况，督促承办部门按期办结。紧急公文或者重要公文应当由专人负责催办。

（七）答复。公文的办理结果应当及时答复来文单位，并根据需要告知相关单位。

第二十五条 发文办理主要程序是：

（一）复核。已经发文机关负责人签批的公文，印发前应当对公文的审批手续、内容、文种、格式等进行复核；需作实质性修改的，应当报原签批人复审。

（二）登记。对复核后的公文，应当确定发文字号、分送范围和印制份数并详细记载。

（三）印制。公文印制必须确保质量和时效。涉密公文应当在符合保密要求的场所印制。

（四）核发。公文印制完毕，应当对公文的文字、格式和印刷质量进行检查后分发。

第二十六条 涉密公文应当通过机要交通、邮政机要通信、城市机要文件交换站或者收发件机关机要收发人员进行传递，通过密码电报或者符合国家保密规定的计算机信息系统进行传输。

第二十七条 需要归档的公文及有关材料，应当根据有关档案法律法规以及机关档案管理规定，及时收集齐全、整理归档。两个以上机关联合办理的公文，原件由主办机关归档，相关机关保存复制件。机关负责人兼任其他机关职务的，在履行所兼职务过程中形成的公文，由其兼职机关归档。

第七章 公文管理

第二十八条 各级党政机关应当建立健全本机关公文管理制度，确保管理严格规范，充分发挥公文效用。

第二十九条 党政机关公文由文秘部门或者专人统一管理。设立党委（党组）

的县级以上单位应当建立机要保密室和机要阅文室，并按照有关保密规定配备工作人员和必要的安全保密设施设备。

第三十条 公文确定密级前，应当按照拟定的密级先行采取保密措施。确定密级后，应当按照所定密级严格管理。绝密级公文应当由专人管理。

公文的密级需要变更或者解除的，由原确定密级的机关或者其上级机关决定。

第三十一条 公文的印发传达范围应当按照发文机关的要求执行；需要变更的，应当经发文机关批准。

涉密公文公开发布前应当履行解密程序。公开发布的时间、形式和渠道，由发文机关确定。

经批准公开发布的公文，同发文机关正式印发的公文具有同等效力。

第三十二条 复制、汇编机密级、秘密级公文，应当符合有关规定并经本机关负责人批准。绝密级公文一般不得复制、汇编，确有工作需要的，应当经发文机关或者其上级机关批准。复制、汇编的公文视同原件管理。

复制件应当加盖复制机关戳记。翻印件应当注明翻印的机关名称、日期。汇编本的密级按照编入公文的最高密级标注。

第三十三条 公文的撤销和废止，由发文机关、上级机关或者权力机关根据职权范围和有关法律法规决定。公文被撤销的，视为自始无效；公文被废止的，视为自废止之日起失效。

第三十四条 涉密公文应当按照发文机关的要求和有关规定进行清退或者销毁。

第三十五条 不具备归档和保存价值的公文，经批准后可以销毁。销毁涉密公文必须严格按照有关规定履行审批登记手续，确保不丢失、不漏销。个人不得私自销毁、留存涉密公文。

第三十六条 机关合并时，全部公文应当随之合并管理；机关撤销时，需要归档的公文经整理后按照有关规定移交档案管理部门。

工作人员离岗离职时，所在机关应当督促其将暂存、借用的公文按照有关规定移交、清退。

第三十七条 新设立的机关应当向本级党委、政府的办公厅（室）提出发文立户申请。经审查符合条件的，列为发文单位，机关合并或者撤销时，相应进行调整。

第八章 附　则

第三十八条　党政机关公文含电子公文。电子公文处理工作的具体办法另行制定。

第三十九条　法规、规章方面的公文，依照有关规定处理。外事方面的公文，依照外事主管部门的有关规定处理。

第四十条　其他机关和单位的公文处理工作，可以参照本条例执行。

第四十一条　本条例由中共中央办公厅、国务院办公厅负责解释。

第四十二条　本条例自2012年7月1日起施行。1996年5月3日中共中央办公厅发布的《中国共产党机关公文处理条例》和2000年8月24日国务院发布的《国家行政机关公文处理办法》停止执行。